もくじ

はじめに　i

1　リトミックあそびの意味　4
2　リトミックってなあに　5
3　リトミックのはじまり　6
4　日本でのリトミックの広がり　7
5　リトミックの効果　8
6　リトミックあそびをはじめるまえに　11

1　リズムあそび

① トントントン(0歳〜)　18
② おひざのすべりだい(0歳〜)　19
③ 大きいごあいさつ
　　小さいごあいさつ(1歳〜)　20
④ いち，にの，ふぅ(1歳〜)　21
⑤ ブラブラー，パッ！(1歳〜)　22
⑥ おもちゃといっしょ(1歳〜)　23
⑦ うたのおいかけっこ(2歳〜)　24
⑧ ないしょのげんこつやま
　　　　　　　　(2歳〜)　25
⑨ CDにあわせて指をうごかそう
　　　　　　　　(2歳〜)　26
⑩ Go−Stop(3歳〜)　28
⑪ リズムを考えよう(3歳〜)　30
⑫ つっつきごっこ(3歳〜)　31
⑬ ぴったりあうかな？(4歳〜)　32
⑭ まどふきゲーム(4歳〜)　33
⑮ ボールまわし(5歳〜)　34

2　イメージあそび

① いないいないばあ(0歳〜)　38
② おててで山のぼり(0歳〜)　39
③ まほうの手(1歳〜)　40
④ はやおき，だれかな？(1歳〜)　41
⑤ 花を咲かせよう(1歳〜)　42
⑥ 雨が降ってきたよ(2歳〜)　44
⑦ ピンポンピンポンこんにちは
　　　　　　　　　　(2歳〜)　45
⑧ サンドイッチを作っちゃおう
　　　　　　　　　　(2歳〜)　46
⑨ ドライブに行こう(2歳〜)　48
⑩ どうぶつみたいに歩いてみよう
　　　　　　　　　　(3歳〜)　50
⑪ どうぶつさんの得意なこと
　　　　　　　　　　(3歳〜)　52
⑫ どんな音がするのかな(4歳〜)　54
⑬ 笑っているおほしさまと
　　泣いているおほしさま(4歳〜)　56
⑭ いろんな山であそんでみよう
　　　　　　　　　　(4歳〜)　58

3　音あそび

① ○○ちゃん　はーい(1歳〜)　60
② 名前をたたこう(1歳〜)　61
③ じょうずにとってね(1歳〜)　62
④ ふやしてたたこう(1歳〜)　64
⑤ ハイ，ポーズ！(2歳〜)　65
⑥ どうぶつのお返事(2歳〜)　66
⑦ 今日は何を食べたの？(2歳〜)　67
⑧ 名前を歌おう(3歳〜)　68
⑨ ピアノといっしょに
　　お返事しましょう(3歳〜)　69
⑩ あてっこあそび(3歳〜)　70
⑪ どこまで続くかな？(3歳〜)　71
⑫ ギコギコ動く，クルクルまわる
　　　　　　　　　　(3歳〜)　72
⑬ アフリカの太鼓で踊ろう(3歳〜)　73
⑭ 車に乗っておでかけしよう
　　　　　　　　　　(4歳〜)　74
⑮ 飛行機に乗ろう(4歳〜)　75
⑯ 音のかいだん(4歳〜)　76
⑰ スパゲッティをゆでよう(5歳〜)　78
⑱ 2拍にいれよう(5歳〜)　80
⑲ 音を合わせよう(5歳〜)　81
⑳ なべなべそこぬけゲーム(5歳〜)　82

4　創作あそび

① あかちゃんを
　起こしてあげよう（1歳〜）　84

② 新聞紙でリズムあそび（2歳〜）　86

③ サンタさんのおしごと（3歳〜）　88

④ みんなでポーズをつくろう
　　　　　　　　　　（4歳〜）　90

⑤ おいしいものアンサンブル
　　　　　　　　　　（5歳〜）　92

1 リトミックあそびの意味

　音楽教育というと，難しいことのように感じる保育者も少なくないようです。「私は歌が下手だから」「ピアノが弾けないから」「リズム感がないから」という理由から，保育の中で，ことさら音楽を遠ざけていることもあるように感じます。
　ところが，よく考えてみると，生活の中のさまざまな場面で，自然に音楽遊びをしていることは，よくあります。お昼寝のときにおなかをトントンすることや，ジャンケンポンなどはリズム感の自然な訓練のひとつです。
　その中にリトミックの要素（たとえば速さを変えるなど）を意図的に少し加えることによって，子どもたちに負担をかけない「音楽教育」の土台づくりをすることができます。
　リトミックあそびを取り入れた経験をたくさんすることが，子どもにとってその後の音楽活動への支えになるとともに，保育者と子ども，子どもと子ども，個人と集団などさまざまな人間関係の中でのコミュニケーションがとりやすくなり，信頼関係を育んでいくことでしょう。
　保育者自身も，いろいろなイメージをしながら，音楽あそびを子どもと一緒に楽しむことで，あそびの引き出しを増やすことになり，さらにあそびの質が高まり，本格的な音楽教育へとつなげていくこともできるでしょう。

2 リトミックってなあに

　リトミックとは"Eu Rythmics（よい流れ・調和）"の意味であり，リズム運動により，心と身体の調和と発達を目指した教育方法です。これは，ヨーロッパのすぐれた音楽教育家として知られたエミール・ジャック・ダルクローズ（1865〜1950）によって，20世紀はじめに創案されました。

　音楽教育にリズム運動を取り入れ，動きとリズムを融和させることによって心と身体の調和を図り，感性をみがき，想像力を呼び覚まし，創造力を育て，それらを実現させる能力を高めていこうとする教育法で，リズムによる総合教育ということです。

　理論的な音楽教育や専門的な技術を学ぶ前に，身体を動かすことで，感覚的な経験をたくさんし，音楽を聴くことで，創造力を養い，即興力をも育てる教育といえるでしょう。

3 リトミックのはじまり

　エミール・ジャック・ダルクローズは，1865年ウィーンに生まれました。1872年にジュネーブの音楽学校に入学し，1892年ジュネーブ音楽院の和声学の教授になります。そこで学生たちを見ているうちに，楽譜はもちろん，理論的なことはよく理解しているのに，実際に演奏をしたときに音を間違えても気づいていないことに気づきます。つまり，感覚的に音を聴いていないということです。

　理論的，専門的な教育の前に感覚的な教育をすることとは，正にこのことで，「法則として」ではなく，「感覚としてきれいに聴こえるから」でなければ音楽的な経験をしたことにはならないのです。

　また，アルジェリアに旅行に行った際に，祭りで歌ったり踊ったりしている人を見ながら，「身体の中にリズムがあり，音楽がある」と感じました。

　ダルクローズは授業の中で学生に音楽を聴かせ，音に合わせて歩かせてみたり，歌わせてみたりしたといいます。その経験の中で，個々人が音楽を忠実に感じ取り，それを表現したとき，もっとも自分自身が満足でき，他人からも美しく見えることに気づき，心身ともに満たされていくことを体感させました。理論的に何かを伝える前に，たくさんの感覚的な経験をさせるのは，このためです。

4 日本でのリトミックの広がり

　日本で，教育者より前に，ダルクローズリトミックを体験した人に，歌舞伎役者の二代目市川左團次(いちかわさだんじ)(1880－1940)や，劇作家の小山内 薫(おさないかおる)(1881－1928)，作曲家の山田耕筰(やまだこうさく)(1886－1965)，舞踏家の石井漠(いしいばく)(1886－1962)がいます。

　日本の教育の世界に，このリトミックを取り入れたのは，小林 宗作(こばやしそうさく)(1893－1963)が最初でした。ヨーロッパ留学中に，当時国際連盟事務次官だった新渡戸稲造(にとべいなぞう)(1862－1933)のすすめでリトミックに出会い，ダルクローズに直接学びました。帰国後，日本リトミック協会を創立し，「トモエ学園」をはじめ，小学校，幼稚園などで，リトミックを実践し，リトミックの普及に尽力しました。

　戦後は，国立音楽大学で教鞭をとり，学生にも指導をしました。その後，板野 平(いたのやすし)(1928－2009)に引き継がれ，体系的な音楽教育として確立し，幼児教育の世界に広まりました。

　ほかに，リトミックを体育と融合させ幼児教育の世界に広めた人に，日本女子体育大学で指導をしていた天野 蝶(あまのちょう)(1891－1979)がいます。

　現在，リトミックは幼稚園や保育園でも専門講師が指導をしていたり，一般的な音楽教室や障害児教育でも積極的に取り入れられています。また，高齢者を対象にしたリトミックも聞かれるようになりました。赤ちゃんから高齢者までさまざまな場で，ますますリトミックが活かされ，広がっていくことでしょう。

5 リトミックの効果

　リトミックは「リズムによる総合教育」と先に述べました。保育の中でリトミック教育は、専門的な音楽の技術を身につける前の感覚教育として、さまざまな効果が期待できます。

緊張と弛緩

　表現しやすい身体にするには、筋肉的な準備が必要です。ダルクローズは、人間の持つ五感（視覚、聴覚、味覚、嗅覚、触覚）に加え、筋肉的な感覚を6番目の感覚としました。

　効率よく音楽を表現しようとするとき、時間的な長さ、空間的な広さ、エネルギーの強さを対比させるとより合理的に動くことができます。たとえば、速く歩きたいときには、歩幅は狭く、そして軽やかに歩くことで動きは楽になります。逆に、ゆっくり歩きたいときには、歩幅は広く、力強く歩くことで動きはスムーズになります。

　音楽の速さや音の大きさを変えて演奏し、それを敏感に感じて動くことにより、筋肉の緊張（ひっぱる力）と弛緩（ゆるめる力）の感覚を知り、自然に筋肉をコントロールできるようになり、より自由に、豊かに表現できるようになります。

集中力

　リトミック教育の方法の中に「即時反応」があります。何かの合図があったとき，即興的に反応（動き）をしていくことで，たとえばピアノの音楽とともに歩き，ピアノが止まったら歩みを止めるというようなことです。

　このことは常に，今音楽が演奏されているのかいないのか，集中して聴いていなければなりません。そして，合図があったときに常に同じような動きをしなければならないのです。

　簡単なあそびの繰り返しの中で，音を聴こうとする力を養い，集中する力が育っていきます。

社会性

　リトミックはグループで行うことがほとんどですが，その中のひとつひとつはかなり個人的なものになります。自分自身がどう聴き，それをどう表現していくのかということですから，その過程はどうしても個人的な作業になります。

　しかし，グループで活動することは，他人の表現を目の当たりにすることができ，その中で，たとえばまねをしてみることで，自分の表現を高め，確実なものにしていくことができます。その経験から，自分自身を認めるだけでなく，他人との相違を感じ，協調していく楽しさも芽生えていきます。

想像力

　何かを想像することは，考える力が育ち，本質を見極める手がかりになります。イメージの世界であそぶことは，幼児にとっては楽しいことであり，「なんでもあり」の状況は，自己を解放し，自己実現につながり，生きるための大きな力にもなります。

　音や音楽に助けられることで，よりイメージが明確になり，動きが広がり，さらに気持ちも動き，他人の動きを見ることにより，より豊かな表現になっていくことでしょう。その経験の中から，他人を理解しようとし，他人の気持ちをくみとろうとすることもできるようになります。

創造力

　想像力が育つことにより，「自分だったらこうする」という気持ちも芽生え，さらにそれを実際に自分でも表現し，工夫を加えることで，新しいものを生み出す力が育ちます。

　リトミックは，正確さを学んだり，結果をだそうとしたりするものではなく，何かを考えるその過程の中で，自分自身が満足できるゴールを発見していくための方法です。たとえ自分で思った通りにすぐに表現できなくとも，「表現する→表現をふりかえる→工夫をする→もう一度表現してみる」を繰り返しながら，少しずつでもゴールに近づこうとする気持ちを育て，明確なゴールを見極めていくのです。

6 リトミックあそびをはじめるまえに

動きやすい環境づくり

　歩く，走る，転がるなど表現する方法はさまざまです。実際に表現したい気持ちが生まれたときに，できるだけ思い通りの表現ができるような環境づくりが大切です。

　まず，部屋の環境について考えてみましょう。

　人数と部屋の広さの関係はどうか，子ども同士がぶつかったり，転んだりしてけがをする心配はないか，集中して活動するときに気をそらすものはないか，走り回ったときなどに机やイスなど危険なものはないか，床の滑りやすさや室温，換気についても配慮しましょう。

　また服装は，動きやすいというだけでなく，体温が上がってきたときに着脱ができるなど調節しやすいことも大切なことです。また，靴を履いている場合は，重さや，大きさにも注意し，できればはだしで行うとよいでしょう。

※リトミックをはだしで行うのは，床を足の裏で押す感触を直接感じるためです。
　そのことによって，より表現が繊細になります。

表現したいと思う心

　何かを誰かに伝えるには、まず「伝えたいという思い」が必要です。花を見てきれいだと感じたり、けんかをして悔しいと思ったり、その「思い」を人に伝えたくなります。たくさんの表現方法を知り表現力をいくら高めても、この「思い」がなければ実際の伝え方は乏しいものになり、場合によっては、まったく伝わらないということになります。

　人との関わりの中で、表現したい「思い」を育てていくことが大切です。

表現しやすい環境づくり

　グループの中では、自然にそれぞれの役割ができ、固定してしまいがちです。引っ込み思案な子どもは思っていることをいえないことがあり、ときには仲間はずれになることもあります。

　あそびの中で、リーダーになったり、リーダーを助けたりといろいろな役が経験できるよう配慮し、大人も含めて全員が対等の立場で活動できるようにしましょう。

　また、2人組などで活動する場合、いつも同じ組み合わせになるのではなく、誰とでも組めるような進め方も考えましょう。

　さらに、表現には「間違った表現」というものはありません。できるだけ個々の表現を否定せず、何でもできる、自由で、やわらかい雰囲気づくりを心がけ、安全で信頼できる場になるよう心がけましょう。

テーマの選び方

　日常の生活の中から，また，子どもが興味を持っていることからテーマを選ぶことは大切です。子どもにとって，表現する題材が自分の気持ちにより近いことで，表現したい気持ちが高まり，表現方法も多様になります。

　子どもたちが日常生活で体験したことや，身の回りにいる動物，好きな絵本，あこがれている仕事など，保育者は敏感なアンテナを持ってテーマを選んでいきましょう。

　また，季節や題材ごとにできるテーマを，使いやすい歌とともにまとめておくとよいでしょう。

【例】

季節

　春：チューリップ，お花見，ちょうちょ，つくし，もぐら，母の日，ひなまつり
　夏：海，つり，ひまわり，山のぼり，すいか割り，たなばた
　秋：くだもの，木の実，りす，運動会
　冬：雪，風，もちつき，おおそうじ

生活

　はみがき，お風呂，お料理，洗濯，おかいもの

場所

　遊園地，動物園，公園，デパート

想像

　海賊，ロケット，オリンピック，雲の上，夢の国

活動の進め方について

　活動の進め方としては，はじめから終わりまでしっかりと考えておくことは，大切です。しかし，その計画にとらわれすぎてしまうことは，あまりよいことではないようです。

　まずねらいに添ったテーマを考え，どんなことをするのか「テーマ」を子どもに伝え，子どもと一緒に考えてみましょう。思いがけず，子どもが知っていることがたくさんあったり，子どもたちの発想に驚かされたりすることもよくあります。

　保育者が自分で作ったストーリー通りに進まないことに苛立ったり，子どもの声を聞かず思い通りに進めてしまったりするのではなく，保育者も子どもも一緒に考えることで，お互いに楽しめる活動になります。

　道のりが多少横道に逸れても，その活動のねらいがきちんと押さえられ，目的が達せられていることが大切です。

　そして，やってみてうまくいかなかったと思ったときは，次はテーマを変えてみる，時期を変えてみる，時間を増やす，または減らす，人数を変えてみる，場所を変えてみるなど少し変化を加えてみると，意外とすんなりいくこともあります。また，うまくいったと思ったときも，繰り返しやることで，またその先のテーマが見えてくることもあります。子どもの気持ちに寄り添い，保育者のその人らしさも活かしながら，活動を組み立てていくことを心がけましょう。

保育者の演奏について

音楽は,「リトミックあそび」にとって大変重要な役割があります。特に,ピアノはとても便利な楽器です。

高い音も低い音も出せます。黒鍵を使うと雰囲気も変わります。ひとつの音で演奏することも,たくさんの音で演奏することもできます。メロディ楽器としても,打楽器としても使うことができます。

ピアノの特徴を生かし,演奏できるとよいのですが,ピアノが苦手という方も少なくありません。また,子どもと一緒に動きたいとき,ピアノは不便な楽器ともいえます。

そんなときは,声を使ったり(歌を歌ったり),体を叩いてみたり,小さめの打楽器を利用することも有効です。

また,使いやすい曲のCDなど,音源を探しておくとよいでしょう。

演奏のテンポについて

「子どもは動きが速い」確かにそうですが,そう思うことで,子どもの様子を見ずに演奏してしまうことがあります。

まず,事前に,自分でも動いてみることが大切です。たとえば,歩く曲を演奏したいとき,自分で部屋の中を歩いてみましょう。その歩いた速さのままピアノまで歩いていき,その前に座って実際に歩いたテンポで弾いてみます。なるほどこんな速さかと気づくこともあります。

自分の動いたことや子どもの様子を思い出しながら,その両方を併せて練習し,実際の活動のときには,練習したことをイメージしながら演奏しましょう。

繰り返し活動すること

　筆者の教室の中で，年間を通して続けている活動がいくつかあります。あとで紹介する「CDにあわせて指をうごかそう(P.26)」などは，そういった活動のひとつです。

　半年ほど続けたときに，もういいかな？　とこの活動を行わなかった日がありました。その日の教室では，子どもたちは「何かしっくりしない」という違和感を感じながら過ごしていたようで，筆者自身も落ち着かない一日になりました。

　次の教室のときに復活させたところ大喜びで，今までにないくらい楽しそうにしていました。

　ひとつの活動が，教室に来ている心の支え（安心感）になっているようで，こんなふうに繰り返しできる活動を子どもと一緒に見つけていくことで，子どもの意欲が芽生え，大人と子どもとの距離が縮まり，クラス全体の信頼関係が深まっていくようです。

　この指の体操は，だんだんその振りをそれぞれが考えてくれるようになり，お互いの振りを見合い，真似をし合い，そこから，自分だったらこうすると考えてくれるようになりました。さらに，そこから，楽器演奏にも移行することができ，ひとつの活動がさらに広がっています。

　このようにひとつの活動が広がっていくには，「繰り返し」がとても重要になります。繰り返すことによって，子どもたちの身体の中で自然な動きになり，自分のしたい動きになり，経験した動きになり，楽しい動きに進化していきます。

　繰り返しを単なるマンネリと恐れず，子どもとともに楽しみながら，活動を広げていきましょう。

1 リズムあそび

生活の中に音楽を使ったあそびを，たくさん取り入れてみましょう。

　部屋の中を歩くとき，はじめはまるく列になって歩きがちです。また，保育者自身も，子ども同士がぶつからないためという理由で，同じ方向に，まるくなって歩かせたくなってしまいがちです。しかし，これでは，空間を肌で感じることができず，表現も思い通りになりません。
　できるだけバラバラに動けるよう工夫し，広い空間を探せるよう，また，ぶつからないようにお互いに避けることもじょじょに身体で感じさせるようにしていきましょう。

リズムあそび 1 (0歳〜)

トントントン

> 赤ちゃんの時代は，赤ちゃん自身が何かをするというよりは，誰かがやっているのを見る，聴く，またはしてもらうという時期になります。たくさん歌を聴かせてあげたり，手振り身振りを見せてあげたり，身体を触ってあげたりし，誰かと一緒の時間が楽しいという経験をさせてあげましょう。

あそびの進め方

授乳のあとに背中をトントン
寝る前におなかをトントン

「トントントントン」という規則的なリズムを，ときどき止めてみる，少し早さを変化させる，強さを変えてみるなど，たくさんのアレンジができます。
ちょっとした変化をお互いに楽しみ，もう少ししてほしいという気持ちを引き出しましょう。

＊＊＊ 指導のポイント ＊＊＊

♪生活のいろいろな場面で，音楽的な経験を自然なかたちでしているというのが，理想的なリトミックあそびの始まりです。生活の中のリズムをみつけ，変化させることで，音楽的な経験は始まります。

1 リズムあそび

リズムあそび
2
（0歳〜）

おひざのすべりだい

> 繰り返し同じ動作をすることで，自然にリズムパターンが生まれてきます。赤ちゃんは，全身を動かされることで，身体全部で音楽を感じ取ることができ，音と動きが連動していることを自然に感じ取っていきます。

あそびの進め方

1. 保育者のひざを立て，その上に抱っこをしてトントントンと上下にゆすります。
2. 今度は，しっかり赤ちゃんを支えながら，保育者のひざから床に，すべり台のようにすべらせてみます。
3. 1と2をつなげてみましょう。
   「トントン，シュー」といいながら，繰り返ししてみます。
   自然に，♪♪♩ というリズムが感じられるでしょう。

「トントン」    「シュー」

あそびの発展

・ひざの上でする「トントン」の回数を変えたり，「シュー」のあと，足先でもトントンするとリズムが変わります。赤ちゃんと一緒に心地よいリズムを探してみましょう。

リズムあそび **3** （1歳〜）

大きいごあいさつ
小さいごあいさつ

活動のはじまりのあいさつにも変化をつけて楽しみましょう。
子どもたちは，みんなでくっつくのが大好き。いつものあいさつもお友だちとの距離によって，声の大きさを変えてみたらどんな風になるでしょう。速さを変えてみても楽しくなります。

あそびの進め方

1．みんなで，手をつないで大きな輪を作り，大きな声でみんな一緒に「こんにちは」のあいさつをしてみましょう。

2．次に「いち，にの，さーん」で，手をつないだまま，輪の中心まで，走って行き，輪を小さくします。「こんにちは」のあいさつも小さい声でしてみます。

3．もう一度「いち，にの，さーん」で手をつないだまま輪を元に戻します。「こんにちは」のあいさつは大きい声ですね。

4．また，輪を小さくしますが，今度はゆっくり輪を小さくします。「いち，にの，さーん」もゆっくりと。そして「こんにちは」のあいさつも小さな声でゆっくりといってみましょう。

リズムあそび 4
（1歳～）

いち，にの，ふぅ

> 緊張しているときに，息を吐けることはとても重要です。緊張したままでは，良い活動はなかなかできません。息を吐くことで，緊張をほぐしましょう。
> 特に，年度のはじまりや新しいメンバーが増えたときにおすすめです。

あそびの進め方

1. できれば桜の花びらが風に散っていくところを見てみましょう。
2. お花紙をそのまま，上から落としてみたり，クシャクシャにしてから落としてみたりして，紙とあそんでみましょう。
3. 飛ばしていたお花紙を小さくちぎってみます。
4. ちぎったお花紙を集めてにぎり，「いち，にの，さーん」で投げてみましょう。
5. 今度は，ちぎったお花紙のひとつを手のひらに乗せ，「いち，にの，ふぅ」でふいてとばしてみます。

＊＊＊ 指導のポイント ＊＊＊

♪息を合わせることは，合唱や合奏するときだけではなく，ジャンケンや手合わせあそびをするときにも大切です。はじめは，なかなかそろいませんが，繰り返す中で，そろえることを少しずつ理解するようになり，そろえたいと思うようになります。

リズムあそび **5** （1歳〜）

ブラブラー，パッ！

> これも，緊張をほぐすときに使っています。みんなで一緒に手を振っていると楽しくなり，自然に声が出ます。声を出すことにより，緊張がほぐれていきます。
> また，合図によって反応をする「即時反応」の始まりでもあります。

あそびの進め方

1．両手をパーにして，力を抜いてブラブラーと振ってみます。
2．保育者が「キュッ！」といったら，手をグーにして止めます。
3．もう一度ブラブラーと手を振りましょう。今度は違うタイミングで「キュッ！」と合図を出しましょう。
4．また，ブラブラーと手を振り，次は，「パッ！」という合図で，手をパーにして止めます。
5．慣れてきたら，「キュッ！」と「パッ！」の合図を混ぜて繰り返してみましょう。

「ブラブラー」　　　「パッ！」

あそびの発展

・ブラブラーをするときに，頭の上や，身体の横など，いろいろな場所でしてみましょう。
・ブラブラーの替わりに「グーパーグーパー」をテンポよくやりながら，途中で「キュッ！」「パッ！」の合図を入れることもできます。

＊＊＊ 指導のポイント ＊＊＊

♪ブラブラーと手を振るときには，保育者は，必ず「ブラブラー」と声に出して行いましょう。音（声）と動きを関連させて行うことが大切です。

リズムあそび
6
（1歳〜）

おもちゃといっしょ

保育者が子どもの中に入って一緒にリズムあそびをするときに，ピアノや打楽器だけでなく，おもちゃも力強い味方のひとつです。
子どもたちが動きをきちんと見られる速さ，動きのおもちゃを選んで，保育者も子どもと一緒にリズムあそびをしてみましょう。

【準備するおもちゃ】
「歩く動物」（ポトニック社，チェコ）

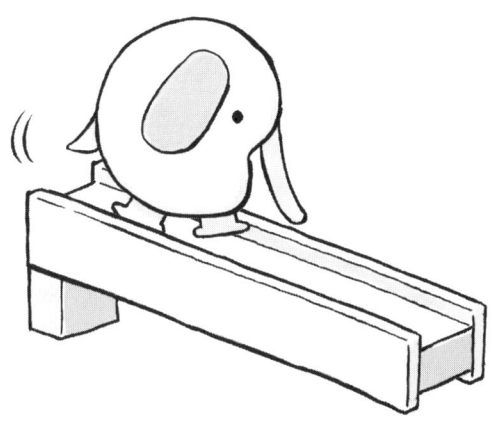

あそびの進め方

1. おもちゃ「歩く動物」を子どもたちの真ん中に置き，その動きをみんなで見てみましょう。終わったら，今度は，別の角度からも見てみましょう。
2. 歩くときの「カチッカチッ」という音をよく聴いてみましょう。
3. ゾウさんは，何歩で坂を降りてくるのか，みんなで数えてみましょう。
4. 今度は，数を数えるのではなく，「カチッ」という音に合わせて手をたたいてみましょう。

＊＊＊ 指導のポイント ＊＊＊

♪数を数えるというのは，みんなのテンポをそろえる練習にとても有効です。小さい子どもは，数を数えること自体の意味はわかりませんし，きちんと数えられないこともありますが，みんなと一緒に数えることで，身体が揺れ，同じテンポを感じることができます。

リズムあそび **7** (2歳〜)

うたのおいかけっこ

リーダーのまねをして歌うと、自然に歌えてしまう簡単な追いかけっこの歌を作りました。
2歳ごろになると、まねをして歌うことができるようになるので、いろんな歌い方をしながら、一緒に歌ってみましょう。

朝はおはよう

> **あそびの進め方**

1. 先生のまねをして歌います。
2. 朝元気に起きたときや、まだねむくてきちんと起きていないときなど、いろいろな場合を想像し、元気な声やねむそうな声、細い声や太い声など、いろいろな声や、速さで、歌ってみましょう。

1 リズムあそび

リズムあそび **8** (2歳〜)

ないしょの げんこつやま

> 手あそびうたを繰り返しあそぶうちに「よく知っている歌」になったころ，声を出さずに手振りだけしてみたり，手振りもせず心の中で歌ったりしてみます。
> はじめは集中力がもたないこともありますが，少しずつテンポ感がそろってきます。

げんこつやまのたぬきさん（わらべうた）

げん こ つ や ま の　た ぬ き さ ん　　おっ ぱい のん で

ね ん ね し て　　だっ こ し て おん ぶ し て　ま た あ し た

あそびの進め方

1．「げんこつやまのたぬきさん」を手振りをつけて歌います。

2．手振りだけで，声を出さずに歌います。このとき，最後の「またあした」だけ声を出してみましょう。

3．慣れてきたら，手振りもせず，声も出さずに歌います。このときも最後の「またあした」だけ声を出し，ジャンケンをしてみましょう。

心の中で歌います

「またあした」
声を出し，ジャンケンをしましょう

CDにあわせて指をうごかそう

> CDを聴きながら，リズムに乗って身体を動かしてみましょう。
> 動き自体を楽しむだけでなく，曲の構成に合わせて動きを変えることで，音楽的な要素を理解するきっかけにもなります。
> 今回使用する曲だけでなく，構成のわかりやすい曲を見つけて，いろいろな動きをしてみましょう。

【使用する曲】

ルロイ・アンダーソン「シンコペイテッド・クロック」

●保育者の準備

① おおまかに曲の構成（A－B－A－C－A）を把握しておきましょう。
② それぞれのメロディのイメージを考えておきましょう。

　A：はっきりしたウッドブロックの音は，硬いイメージがあります。

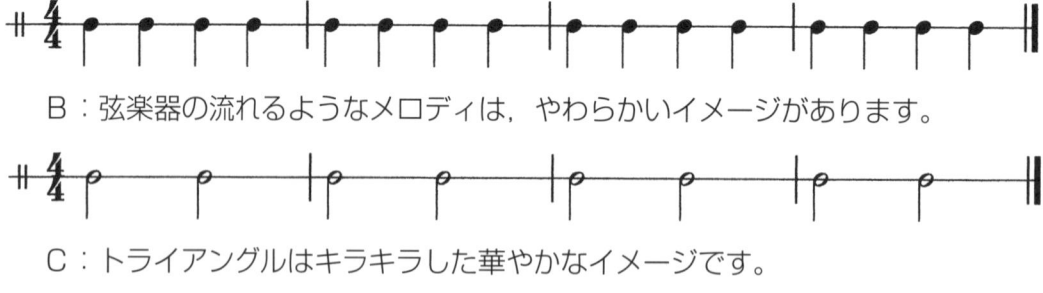

　B：弦楽器の流れるようなメロディは，やわらかいイメージがあります。

　C：トライアングルはキラキラした華やかなイメージです。

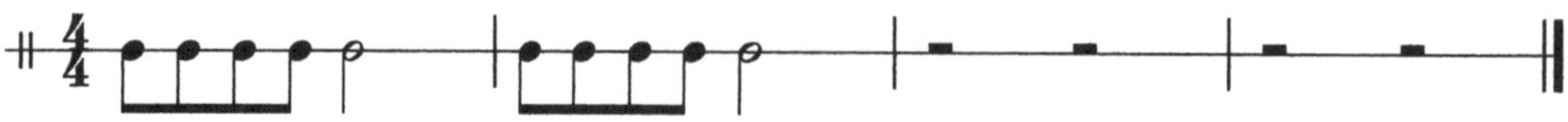

あそびの進め方

1．Aは，両手の人さし指を出し，「いち，に，いち，に」と左右に振ります。
2．Bは，両手で，身体のいろいろなところ（おなかやひざ，ほっぺなど）をこすります。
3．またAのメロディが出てきますので，1と同じ動きをしましょう。
4．Cは，両手の手のひらをパーにして，上にあげ，キラキラと振ります。

1 リズムあそび

A：両手の人さし指を出し，「いち，に，いち，に」と左右に振る。

B：両手で身体のいろいろなところをこする。

C：両手の手のひらをパーにして，上にあげ，キラキラと振る。

5．またAのメロディが出てきますので，1と同じ動きをしましょう。
6．最後に拍手を2つして終わります。

あそびの発展

・さらに，全身を使った動きを考えてみたり，動きごとに楽器を決めたりすると，合奏につなげることもできます。カスタネットや，すず，タンバリンなど身近な楽器を使ってあそんでみましょう。

＊＊＊ 指導のポイント ＊＊＊

♪動き自体に決まりはありませんが，はじめは，座ってできるシンプルな動きからするとよいでしょう。

♪曲を聴いて無理のない動き，たとえば，拍のはっきりしたメロディのときは，かたい動きにしてみたり，流れるようなメロディのときにはやわらかい動きをしてみたり，休符のときには動きを止めるなど，曲（メロディ）の流れに合わせた動きを選ぶことが大切です。

♪また，曲のまとまりごとに動きを変えることも大切なことです。2部構成の曲でしたら2つの動き，3部構成の曲は3つの動きを考えるということです。繰り返し行う中で，自分なりの動きが生まれてきたり，まわりが見えてきてお互いにまねをはじめたりすることも少なくありません。

リズムあそび
10
(3歳〜)

Go－Stop
（ゴー ストップ）

> リトミックでは，とても基本的な，即時反応の活動です。合図によっては，歩きはじめの時期からできますが，テンポに合わせて歩き，合図に反応していくことは，3歳ころに確実になります。

あそびの進め方

1．ピアノの曲（右ページ「歩く曲」）に合わせて，部屋の中を歩いてみましょう。

2．保育者は，何もいわず，ピアノの曲を止めてみましょう。すぐに反応して止まれる子，何も気づかずそのまま歩いている子がいるでしょう。

3．次に，「ピアノが止まったらみんなもストップ」というルールを作ってみましょう。ピアノを聴くということを意識するようになります。

4．低い「ドン」という音が聴こえたら，座ります。

5．〔楽譜〕が聴こえたら，キラキラと手を頭の上で振りましょう。

6．低い音の〔楽譜〕が聴こえたら，下の方でキラキラと手を振ります。

7．そのほか，いろいろな合図を子どもたちと一緒に考えてみましょう。

ジャンプ

かたあし

うしろに歩く

歩く曲

＊＊＊ 指導のポイント ＊＊＊

♪はじめは，ピアノのテンポに合わせて歩くだけでも難しいことですが，きちんと歩けるようになるまで，合図を入れないということにすると，歩くためだけの訓練になってしまいます。合図を入れ，楽しみながら，じょじょにテンポに合わせて歩けるようにしていきましょう。

♪合図は，一度にたくさんのものを入れるのではなく，はじめはストップの合図だけ，慣れてきたらもうひとつ合図を入れるというように進めていきましょう。長い間続ける中で，違う合図と入れ替えてしまうこともありますが，以前の合図を忘れたころに入れてみると，子どもたちが意外に記憶していることもわかります。

♪合図はたくさん考える必要はありません。曲のテンポを変えることもひとつの合図になります。音の合図は１種類で，速さを変えてみる，強さを変えてみるなどしても，おもしろいです。

リズムあそび
11
（3歳〜）

リズムを考えよう

歌の中の四拍を使って，いろいろなリズムを考えていきます。
難しく考えず，その場の「のり」も大切にしましょう。
子どもたちも，少しずつ，複雑なリズムを考えてくるようになります。

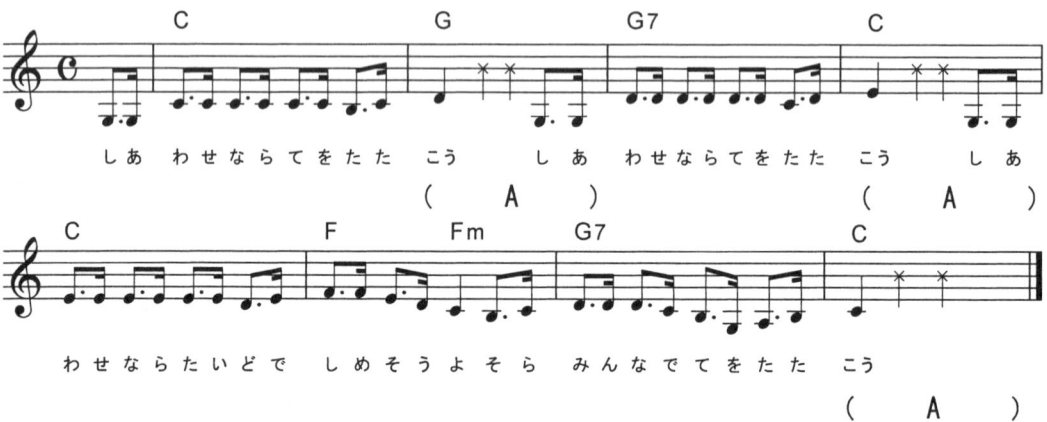

あそびの進め方

1．「しあわせなら手をたたこう」を歌います。
2．Aのところで，保育者が別のリズムをたたきます。（リズム例参考）
3．Aの1回目は，保育者がたたき，2回目，3回目は子どもたちが同じようにたたいてみましょう。
4．今度は，別のリズムを考えてきてくれた子どもに1回目をたたいてもらい，2回目，3回目はみんなでまねをしてたたいてみます。

【リズム例】

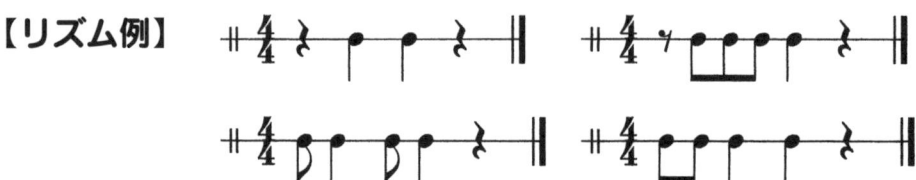

1 リズムあそび

つっつきごっこ

2人組でお友だちをつっつく，お友だちにつっつかれるという経験をします。はじめは，なかなかコントロールがしにくいですが，繰り返す中で，じょじょにお友だちとの距離感や，お友だちの気持ちなども理解するようになります。

つっつきごっこ

あそびの進め方

1. 音楽が聴こえてきたら，両手の人さし指を出し，自分の身体をつっつきます。音楽をよく聴いて，音楽がストップしたらみんなもストップします。
2. 2人組になり，ひとりが背中を向けます。音楽が聴こえてきたら，もうひとりがその背中をつっつきます。

あそびの発展

・4歳ごろになったら，音の高さによって，背中の上や下をつっつくということにしてもよいでしょう。

・5歳になったら，合図で，役割を交替したり，円形になって全員で行うこともできます。

ぴったりあうかな？

> 声を出さずに歌うのは，子どもにとって緊張感があるとともに，どこか楽しい活動のようです。
> 少しずつ自分で，テンポを感じて歌うことが，できるようになります。
> はじめから，「合わせる」ことだけを重視するのではなく，それぞれが，身体の中でテンポを感じていくことを大切にしましょう。

あんたがたどこさ（わらべうた）

あそびの進め方

1. 「あんたがたどこさ」をひざをたたきながら歌います。
   はじめは両手で一緒に拍（四分音符）をたたきます。慣れてきたら，スキップのリズム（♩♪）をたたいてみましょう。
2. 手をたたきながら歌い，「さ」のところだけひざをたたきます。
3. 手をたたきながら歌い，「さ」のところだけ歌わずに，ひざをたたきます。
4. 手をたたきながら声を出さずに歌い，「さ」のところだけひざをたたきます。

＊＊＊ 指導のポイント ＊＊＊

♪声を出さずに歌うときには，最初の合図が重要です。はじめの合図でテンポが決まり，その速さで歌うことになります。子どもたちが，きちんとそのテンポがわかるような合図の出し方に気をつけましょう。

1 リズムあそび

まどふきゲーム

リズムあそび **14** （4歳～）

> 3歳の後半から4歳にかけて，じょじょに2人組の活動ができるようになります。2人組で動くことで，相手の助けを借りて，スムーズに動けるようになったり，自分ひとりでは思いつかない表現ができることもあり，その後の創作活動での発想のもとにもつながります。

あそびの進め方

1. 部屋の中を歩いてみましょう。
   音楽が止まったら，保育者が「○人組」と言葉で合図をだします。
   何回か繰り返し，最終的に，2人組にします。
2. 2人組になったら，向かい合って座りましょう。
3. 右手と左手を合わせてみたり，右手と右手，左手と左手を合わせ，そのまま一緒に手を動かしてみましょう。左右，前後，上下に動かして，動きが対になることを体験してみます。
4. 右手と右手を合わせて，音楽を聴きながら，まどをふくように一緒に手を動かしてみます。

あそびの発展

・だんだん慣れてきたら，立ち上がって，大きく動くこともできます。お互いに息を合わせて動くことの楽しさと，難しさも体験してみます。

＊＊＊ 指導のポイント ＊＊＊

♪短い音符（♩）のときは細かくリズミカルな細かい動きになり，長い音符（♩）のときはゆったりとした大きな動きになるなど違いがわかるように表現しましょう。繰り返しあそぶうちに短い音符と長い音符の組み合せもできるようになります。

ボールまわし

リズムあそび 15（5歳〜）

> 5歳くらいになると，ひとりからふたり，そしてさらに大きな集団で活動ができるようになります。自分の動きが，次につながっていくことや，はじめからおわりまでの一連の活動をみんなで体験することができるようになります。

あそびの進め方

1. 手をつないで輪になります。
2. 手をつないだまま，まわってみましょう。速さを変えたり，方向を変えてみたり，慣れてきたら，ピアノの合図で動いてみましょう。
3. 輪になったまま座ります。
4. ボールをお隣りの人に，「はい，どうぞ」または，「おとなりへ」などといいながらまわします。
5. 「ボールをまわす」動きを確認したら，ピアノの音に合わせて，四分音符のひとつの音で，次の人にまわしていきます。

あそびの発展

- 途中でピアノを止めたり，反対にまわしたりもしてみましょう。
- ピアノが止まったときにボールをもっていた子どもが輪の外側をまわるなど，ゲームにすることもできます。
- 人数にもよりますが，ボールの数をふやすこともできます。

あそびの展開1

・二分音符でもまわしてみましょう。

・四分音符と二分音符を混ぜてみましょう。

＊＊＊ 指導のポイント ＊＊＊

♪四分音符と二分音符で，輪の大きさ（隣りとの距離）を変えたり，四分音符はお隣りへ，二分音符はふたりめの人にころがすなど，音符の長さと，空間の広さをつなげていきます。

♪子どもたちには，「四分音符」「二分音符」ということばを出す必要はありませんが，感覚として，音符の長さが違うということに気づけるようにしていくことが大切です。

あそびの展開 2

・さらに，2拍子，3拍子，4拍子など拍子を感じてボールをまわすこともできます。

＊＊＊ 指導のポイント ＊＊＊

♪ひとりが1小節を担当することになります。小節の最初の拍で，前の人からボールを受け取り，残りの拍でボールをわたす準備をします。次の小節の1拍目で，次の人にボールをわたすようにしましょう。

♪拍子によって，ボールをわたす準備の部分の長さが変わります。準備の短い2拍子のときは小さい輪，準備が長い4拍子は大きい輪というように，輪の大きさが変わることが大切です。

♪2拍子だけを繰り返し行うのではなく，2拍子と3拍子を交互に行うなど，拍子を比較して感じていくようにしましょう。

2 イメージあそび

何かに変身したり，思い浮かべたり，空想の世界で音楽あそびをしてみましょう。

　動きのサポートをするために，動きに合ったピアノの音にしたいと考えたとき，実際の動きを思い出して考えると，わかりやすくなります。
　たとえば，大きな動きをしたい場合，ピアノの鍵盤に両手を置いたときの幅を広くし，たくさんの音で演奏します。
　また，小さい動きをしたい場合には，1オクターブ程度に幅を狭め，少ない音で演奏します。

イメージあそび 1 （0歳～）

いないいないばあ

> 「いないいないばあ」は，赤ちゃんにとってとっても楽しいあそびのひとつです。顔が隠れることによって，一瞬不安になりますが，また，顔が出てくることで安心し，うれしくなります。でも，この「いないいないばあ」もよく考えると ♩♩♩ というリズムパターンですね。

あそびの進め方

1. 子どもと向かい合わせに座ります。
2. 両手で顔を隠し，「いないいないばあ」をしてみましょう。
3. 両手だけでなく，ハンカチなど，ものを使って「いないいないばあ」をしてみましょう。
4. 今度は，「トントントーン」のリズムでリズミカルにしてみます。
5. さらに，メロディをつけてしてみましょう。

いない　いない　ばあ　いない　いない　ばあ　いない　いない　ばあ　いない　いない　ばあ

「いないいない」　　　「ばあ」

イメージあそび 2 (0歳〜)

おててで山のぼり

> 手あそびうたの「山のぼり」を使って，いろいろな動物をイメージしてみましょう。小さなあり，大きなぞうなど，声や動きの大きさも変えると，よりイメージしやすくなります。

山のぼり（手あそびうた）

あり さん が　あり さん が　チョコチョコチョコチョコ　やまのぼりホイ

あそびの進め方

1. 子どもの手を取り，手のひらの上に指を置きます。
2. さて，アリさんがお山を登っていきますよ。
   人差し指で小走りに登ってみましょう。
3. 今度は，ヘビさんがニョロニョロとお山を登っていきます。
   手のひら全体で這うように登ってみましょう。
4. 次は，ゾウさんがドシンドシンとお山を登っていきます。
   こぶしを作って，力強く登ってみましょう。
5. 次は何の動物が登るのか，ウサギがピョンピョン跳んで登ったり，イヌがテクテク歩いたり，子どもと一緒に考えてみましょう。

イメージあそび **3** （1歳～）

まほうの手

> 食べ物の話は，みんな大好きです。自分の手の中から，おいしいものがいっぱい出てくる楽しさと，パッと出すタイミングを合わせる楽しさを味わいましょう。

あそびの進め方

1. 朝，何を食べてきたか，それぞれ考えてみます。
2. ひとりずつに聞いてみます。
3. 両手を合わせ，「ヒュー」といいながら回して魔法をかけ，「パッ！」のタイミングで両手を開きます。
4. 出てきたおいしいものを食べます。

ヒュー

「パッ！」

あそびの発展

- バナナやブドウを出したときには，皮をむいて食べるなど，普段の生活にもつなげていきましょう。
- ケーキを出したときには，そうっと手を開かないとつぶれてしまうなど，手を開く表現についても工夫をしていきましょう。

イメージあそび 4 （1歳〜）

はやおき、だれかな？

> 食べることと同じように，寝ることも子どもにとって身近なことです。
> ピアノの目覚まし時計に起こされても，なかなか起きてこないと，お友だちが起こしにくるかもしれませんね。

あそびの進め方

1. たくさんあそんだ後などに，床にそのまま横になって寝ます。
2. 「みんなねむったかな」と，保育者は，それぞれの子どもの様子を見にいきます。
3. みんなが横になってしばらくしたころに，ピアノで合図をします。（3つ並んでいる黒鍵を，一緒に ♫ ♩ のリズムでたたきます。）
4. 合図があったら，子どもは起き上がります。

＊＊＊ 指導のポイント ＊＊＊

♪たくさんあそんだ後は，テンションが上がっていて，静かに横になることが難しいときもあります。ただ横になって休むのではなく，あそびのひとつと子どもに感じさせることによって楽しく行うことができますので，動きの激しい活動などの後に行うとよいでしょう。

♪なかなか目を覚まさないお友だちのところに，みんなでそうっと行って起こしてみるなど，お互いを気にするきっかけづくりにもなります。

イメージあそび 5 （1歳～）

花を咲かせよう

> スカーフを使って，お花を作ります。はじめはなかなか思い通りにはいきませんが，スカーフという大人の持ち物に興味津々。あまり抵抗なく繰り返すことができます。
> スカーフから，お花紙などに変えていくと，造形活動にもつながります。

あそびの進め方

1. スカーフであそんでみます。
    - かぶっておばけ
    - 上から落とす
    - スカーフ越しにお友だちを見る
    - エプロンみたいにおなかに巻く

2. ピアノの音と一緒に，手の中にスカーフを丸めていきます。

3. 全部が手の中に入ったところで，みんなでそろって手をひらくと，お花が咲いたように見えます。

手の中にスカーフを丸めていきます 　　　手をひらくとお花が咲いたみたいに

4．頭にリボンのようにのせてみたり，胸にコサージュのようにつけてみたり，身体のいろいろなところにつけてみましょう。
5．「いち，にの，さーん」でスカーフを投げ上げ，キャッチします。
6．また，ピアノと一緒に手の中でスカーフを丸めていきます。
7．今度は，みんなのお花を集めて床に置きお花畑にして，遠くから眺めてみたり，近くからのぞいてみたりしましょう。
8．お花畑を見ながら，お花を踏まないように，そのまわりを歩いてみましょう。
9．今度はちょうちょになってお花畑のまわりを飛んでみます。

あそびの発展

・イヌやネコになってお花畑のまわりを歩いてみましょう。車や電車に乗ってお花畑を走ってみたり，お花畑の駅で降りてお花を摘んでみるなど，いろいろなイメージでお花畑のまわりであそんでみましょう。
・スカーフだけでなく，お花紙などを丸めて画用紙に貼り，茎や葉っぱをつけると，お花になります。厚めの画用紙の端の方に，お花紙でつくったお花を貼って画用紙を巻いていくと，簡単に花束にもなります。

＊＊＊ 指導のポイント ＊＊＊

♪はじめは，手の中に丸めていくこともよく理解できず，気が散ってしまうこともありますが，花が開いたときの驚きで「やってみよう」と思うようです。はじめに保育者が見せることで興味を持たせるようにしてもよいでしょう。
♪スカーフはオーガンジーなど比較的しわになりにくい，やわらかい素材を選ぶとよいでしょう。大きさは40～50cm角のものにすると，花をきれいに見せることができます。

イメージあそび 6 (2歳〜)

雨が降ってきたよ

はじめて「自分のかさ」を持ち，雨の日に自分でさしておでかけすることがうれしい時期です。教室でも「自分のかさ」を作ってみました。
合図の音も，だんだんメロディ的なものを使うようにします。

あそびの進め方

1. 今日の天気のことや，空から降ってくるもの，雨の日の外出のときに必要なものなどについて話をしてみます。
   - おひさまは出ていた？ 暑かった？
   - 雨，雪，風
   - かさ，レインコート，長靴
2. 蛇腹(じゃばら)のかさを作ります。
   材　料：八つ切りの色画用紙1枚
   作り方：色画用紙を半分→半分→半分と3回折り，広げます。
   　　　　　折り線通りに，端から蛇腹に折り直します。
3. 蛇腹のかさを閉じたまま持って，ピアノと一緒に部屋の中を歩きます。
4. 雨の合図の音が聴こえたら，かさを広げてさしながら歩きます。

雨が降ってきました　　　　　　さらにたくさん降ってきました

どんどん激しくなります　　　少し小降りになりました　　　雨はやみました

イメージあそび
7
（2歳〜）

ピンポンピンポン こんにちは

> 短い合図に慣れてきたところで，短い曲の合図も入れてみましょう。歌の前に「前奏」があるということも，少しずつわかってきますし，動きの準備もできるようになります。

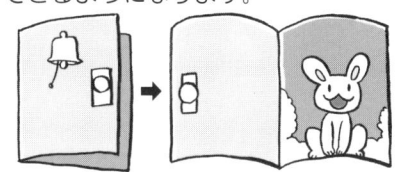

ピンポンピンポンこんにちは

（前奏）　　　　　　ピン　ポン　　ピン　ポン　　こ　ん　に　ち　は

●保育者の準備

材　料：色画用紙数枚，クレヨンなど絵の描けるもの
作り方：色画用紙を半分に折ります。外側にドアのノブと呼び鈴を描き，内側には動物の絵を描いて，家にします。いろいろな動物の家を作っておきます。

あそびの進め方

1．ピアノの「ピンポン」の音だけを聴いてみましょう。
2．保育者は絵を持ってドアを見せます。「ここはだれのおうちかな？」と聞いてみましょう。ドアをあけ誰の家か見ます。
3．「ピンポンピンポンこんにちは」の合図の音は，動物の家に着いたということにし，ピアノと一緒に，人差し指を出し，「ピンポンピンポンこんにちは」と歌いながらあいさつをします。
4．ピアノに合わせて部屋の中をお散歩します。途中で，動物の家についたら，合図に合わせてあいさつをします。

あそびの発展

・「ピンポン」の高さや音を変えて，最初の音と同じかどうかのあてっこあそびをすることもできます。
・動物の家を見るところで，P.66の「どうぶつのお返事」につなげることもできます。

イメージあそび 8 (2歳〜)

サンドイッチを作っちゃおう

> お料理を作っているママは，子どもにとっては憧れの存在です。あんなふうにおいしいものをたくさん作ってみたい，そんな想いを胸に，コックさんに変身してママのようにお料理を作ってみます。
> 憧れの動きをすることで，何度も繰り返すことができ，自然な形で音と動きが結びついていきます。

【用意する絵本】

『サンドイッチ・サンドイッチ』作・絵／小西英子（福音館書店）

●保育者の準備

人数分のスカーフまたはバンダナを用意します。
ラップサンドの材料を準備します。

材料：ミラーマット（お菓子の箱などに入っている白い緩衝材），透明のセロファン，カラーのコピー用紙，リボン（モール），はさみ

準備：ミラーマットは食パンになるように，四角く（12cm×12cmくらい）切っておきます。
カラーのコピー用紙で，トマトや玉ネギ，ハムなどの形を食パンよりひとまわり程度小さく切っておきます。
セロファンは，食パンや具材を載せて巻くので，大きめに用意します。
リボン（またはモール）は，セロファンの両端を止めるために使うので，適当な長さ（10cmくらい）に切っておきます。

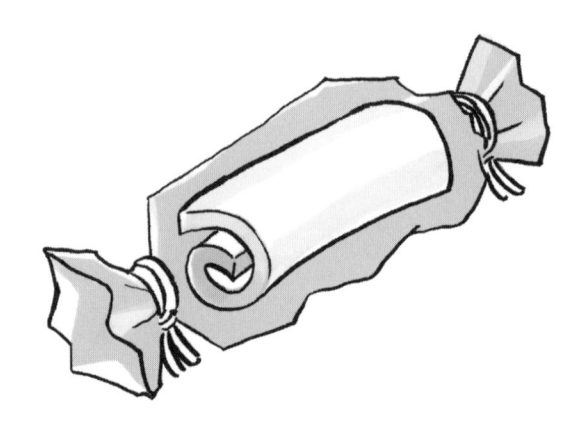

2 イメージあそび

> **あそびの進め方**

1. スカーフやバンダナなどを首に巻いて，コックさんに変身します。
2. 絵本『サンドイッチ・サンドイッチ』を見ながら，サンドイッチの作り方を確かめます。
3. 左手のまな板の上で，右手をほうちょうにして，ピアノの ♩ に合わせて，「トントントン」といいながら，トマトを切ります。
4. 次に，ピアノの ♫ に合わせて，玉ネギを細かく切ります。
5. 今度は，ピアノの ♩ に合わせて，ハムを切りましょう。ハムはちょっと固いので，力をいっぱい入れましょう。
6. 「ピアノのクイズです。この音は，何を切っているでしょう？」 ♫ と ♩ との聴き分けをしてみましょう。
7. 最後に，実際に，用意した材料で，ラップサンドを作ります。
   白い食パンの上に，トマトや玉ネギ，ハム（ほかにも準備できればチーズやレタスなど）を載せ，のり巻きのように巻きます。
   さらにセロファンを外側から巻き，両端をリボン（モール）で止めます。

＊＊＊ 指導のポイント ＊＊＊

♪ 野菜を切るだけでなく，マヨネーズとたまごを混ぜてみるとか，レタスをちぎってみるなどもピアノと一緒にしてみましょう。また，家ではどんなサンドイッチを作っているのか，子どもたちにも聞いてみましょう。

♪ 簡単な造形活動をすることで，さらに動きのイメージが明確になります。できるだけ，リトミックあそびをほかの活動につなげて考えてみましょう。

イメージあそび 9 (2歳〜)

ドライブに行こう

> 車でのおでかけは，子どもたちの世界が広がる楽しい時間です。経験を思い出しながら，何が見えたのか，何がいたのか，お話しながら，ドライブしてみましょう。
> CDの音がさらにイメージの世界を広げてくれます。

【使用する曲】
ルロイ・アンダーソン「プリンク，プレンク，プランク」

●保育者の準備

おおまかに曲の構成（A－B－A－B－A－C－A－B－A）を把握しておきましょう。

あそびの進め方

1. 何色の車に乗ったことがあるのか，どこに行ったことがあるのか，速かったのか遅かったのか，信号や，渋滞など，車やドライブについて，子どもたちと話します。
2. 「プリンク，プレンク，プランク」の曲をかけ，ドライブに行ってみようと誘います。
3. Aは，座ったままでハンドルを握り，身体を上下，左右に揺さぶりながら，曲にのってみます。
4. Bは，「ドン」という音が聴こえてくるので，ハンドルを握ったまま，手を前に出してみましょう。
5. 再び，AとBを繰り返し，Aに戻ります。
6. Cは，「ヒュー」という音が聴こえてきます。人差し指で，何か見えてくる方向を指さしてみましょう。
7. またAに戻り，B，Aで終わります。
8. 慣れてきたら，立ち上がって部屋の中を動いてみます。

✱✱✱ 指導のポイント ✱✱✱

♪動きをイメージしやすくするために, ハンドルは, 紙皿やフープ, カラーボードなど, 手に持てるものを準備してください。

♪同じような曲に合わせて行うあそび「CDにあわせて指をうごかそう (P.26)」を紹介しましたが, ここでは, 曲のイメージをもう少し膨らませて, ドライブをしてみました。ほかの曲でも, 「どんなことをイメージするのか」子どもと話し合って行うとよいでしょう。

♪Cのところで見えてくるものをみんなで考えてみましょう。空にあるもの（雲・鳥）, 地面にあるもの（花・動物）, 海にあるもの（波・ヨット）など, 見えた場所によって指をさす方向も変わります。指をさすことによって, 身体の動かし方（身体を伸ばす, かがめる, ひねるなど）が豊富になります。

イメージあそび
10
（3歳〜）

どうぶつみたいに歩いてみよう

3歳ごろになると，身体の機能もだいぶ充実してきます。
動きを考えるとき，何かをイメージするとわかりやすく，アイディアもたくさん出てきます。ここでは，動物のイメージで，いろんな歩き方を考えてみましょう。

あそびの進め方

1. 近所にいるイヌやネコ，園で飼っているウサギやカメ，動物園に行ったこと，テレビで見た動物など，どんな動物を知っているのかみんなで話してみます。
2. 思い出した動物はどんなことをしていたのか，たとえば，寝ていたのか，何かを食べていたのか，歩いていたのか，怒っていたのかなど，さらに具体的に思い出してみます。
3. 次に自分たちは，どんな風に歩いているのかを考えて，実際に歩いてみましょう。
4. ふつうの歩き方だけでなく，動物を思い出しながら，つま先で歩いたり，かかとで歩くなど，違った歩き方を考えてみましょう。

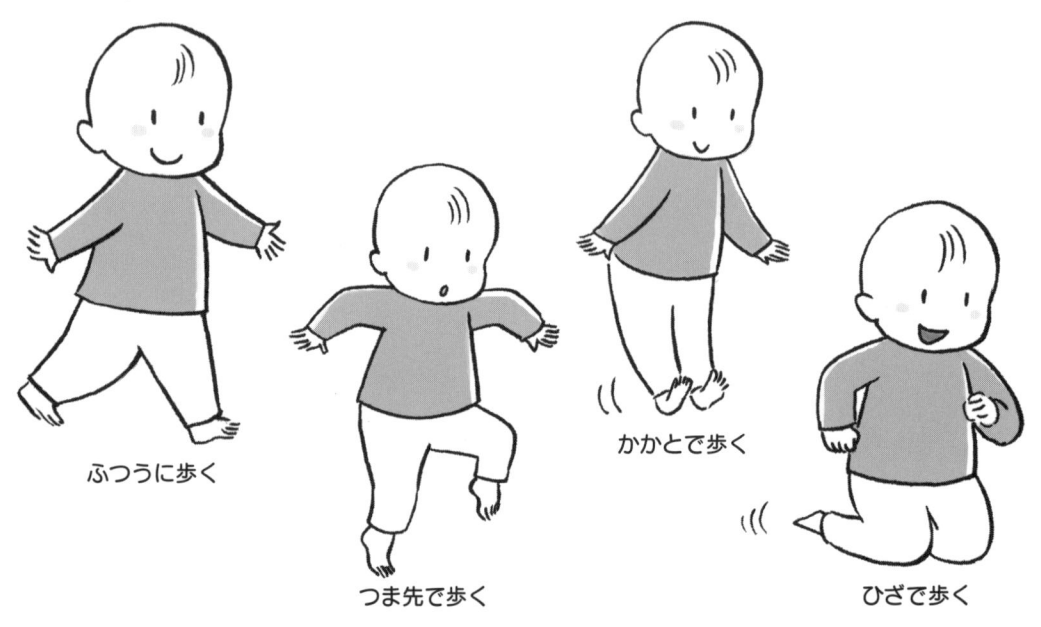

ふつうに歩く　　つま先で歩く　　かかとで歩く　　ひざで歩く

【例】

・おしゃれなネコのように，つま先で歩いてみましょう。

・かかとで歩いてみましょう。

・足の外側や内側や，ひざをついて歩いてみましょう。

・後ろ向きに歩いてみましょう。

・スキップしてみましょう。

＊＊＊ 指導のポイント ＊＊＊

♪子どもたちと話していく中で，保育者もイメージが膨らみ，いろいろな歩き方，動き方が出てくるでしょう。「大急ぎのゾウ」や「眠そうなリス」など，そのイメージの世界を一緒に楽しんでください。

イメージあそび 11 (3歳～)

どうぶつさんの得意なこと

> 動物の絵本を使って，イメージを膨らませ，絵本の世界の中で，たくさんあそんでみましょう。この絵本は，子どもに馴染みのある動物がたくさん出てくるので，とても身近に感じられるようです。さらに，ほかの動物を登場させても楽しいです。

【用意する絵本】
『りんごがたべたいねずみくん』作／なかえよしを・絵／上野紀子（ポプラ社）

あそびの進め方

1. 保育者の絵本が見えるところに座ります。
2. 表紙のリンゴをみんなで一緒に数えてみましょう。
3. お話の流れにそって，それぞれの動きをしてみます。

【例】

・ネズミ：「チュウ，チュウ，チュウ」といってみましょう。

・トリ：♪♪のリズムでパタパタと手を動かしてみましょう。

・サル：木登りのイメージで，だんだん立ってみましょう。

- ゾウ：片方の手を伸ばして，ゾウの鼻のようにくるくるまわしてみましょう。

くるくるくるくる　くるくるくるくる　くるくるくるくる　くるくるくる

- キリン：片方の手を伸ばして，高いところのリンゴを手で食べてみましょう。

パク パク パク　パク パク パク　パク パク パク パク　パク パク パク

- カンガルー：「ピョンピョンジャーンプ」とジャンプしてみましょう。実際に跳ぶ前に，片方の手のひらを床につけ，手をジャンプさせてみます。

ピョンピョンジャンプ　ピョン ピョン ジャンプ　ピョン ピョン ジャンプ　ピョン ピョン ジャンプ

- サイ：立ち上がって，ドンドンと足を踏み鳴らしてみます。

ドン ドン ドン ドン ドン ドン ドン ドン　ドン ドン ドン ドン ドン ドン ドン ドン

あそびの展開

- それぞれの音を聴いて，どの動物か当ててみましょう。動物の名前をいってみるだけでなく，それぞれの動きをすることもできます。
- 紙を丸めてリンゴを作り，壁に描いた木にリンゴを貼ってみたり，トリやサルになってリンゴをとってみたりして，動きを大きくしていくこともできます。

イメージあそび
12
（4歳～）

どんな音が
するのかな

> 実際に楽器を演奏する前に，どんな音がするのか，どんなふうに演奏するのかイメージしてみることも大切なことです。思いがけない音に驚いたり，楽器の持ち方で音が変わったりすることも体験し，楽器に興味を持ちましょう。

● **保育者の準備**

　カスタネットやすず，タンバリンといった一般的な楽器から，ラッパ，ウッドブロック，トライアングル，鉄琴やマラカスなど，子どもが持てる大きさで，できるだけたくさんの種類の楽器を用意しましょう。

あそびの進め方

1．部屋の中央に，楽器を並べて置きます。
2．そのまわりに円になって座りましょう。
3．遠くから見て，好きな楽器を見つけます。
4．音を出さないように，ひとりずつ楽器を取りにいきます。また，同じ楽器に興味のある子どもは，持ってきた子どもと一緒に座ります。
5．よく見て，どんな音がするのか考えてみましょう。
6．イメージした音を，「シャカシャカ」とか「プー」など口でいってみます。同じ楽器でも，子どもによって，違う音になることもあります。イメージした音を，それぞれが声に出してみましょう。一斉に声に出し，みんなで合わせてみてもおもしろいです。
7．今度は，どんなふうに演奏するのか，それぞれ考えてみましょう。
8．実際に，考えた方法で，演奏してみます。うまく音が出なかったときには，みんなで演奏のしかたを考えてみましょう。

✳︎✳︎✳︎ 指導のポイント ✳︎✳︎✳︎

♪楽器は，演奏のしかた，鳴らす場所，持ち方などで音の変わることがよくあります。たとえば，タンバリンは，シンバルの部分を鳴らすことで，音が出るので，その部分を手で押さえてしまうと固い音になってしまいます。また，皮の部分を手でたたくときと振るときでは，音が違ってきます。どう演奏するとよく響くのか，音の違いを，聴くことでわかるようになることが大切です。

♪それぞれが演奏した後に，正しい演奏法を伝えていきましょう。

♪楽器は，比較的丈夫にできているものを用意します。多少のことは目をつぶって，自由に演奏させるところからはじめましょう。その後に，楽器を大切に扱うことも伝えていきましょう。

イメージあそび 13 (4歳〜)

笑っているおほしさまと
泣いているおほしさま

4歳児くらいから，曲のニュアンス（やわらかい，明るいなど）も感じるようになります。ここでは，曲を聴き，そのイメージをあそびながら表現してみます。

笑っているきらきらぼし（変奏／津村一美）

泣いているきらきらぼし（変奏／津村一美）

＊上記の楽譜は，「きらきら星」を変奏しています。

●保育者の準備

おほしさまのペープサートの材料を準備します。

材料（1人分）：星型に切った色画用紙4枚，わりばし，はさみ，のり，絵を描くもの

あそびの進め方

1. おほしさまについて，話し合ってみましょう。
2. 笑っている顔のおほしさまと泣いている顔のおほしさまのペープサートを作ります。星型の色画用紙2枚に笑っている顔，残りの2枚に泣いている顔を描きます。2枚の笑っている星の間にわりばしをはさみ，のりづけします。泣いている顔も同じように作ります。
3. 笑っているきらきらぼしを演奏してみます。どんな感じがしたか，どちらのペープサートのほうがイメージに合っているかを，話し合ってみましょう。イメージに合っているペープサートを，みんなで振ってみましょう。
4. 次に，泣いているきらきらぼしを演奏します。同じように，ペープサートを振ってみましょう。
5. 今度は，どちらが演奏されたか，ペープサートで表してみましょう。
6. 次に，身体を動かして表してみます。笑っているときは前を向いて元気に歩く，泣いているときは下を向いてとぼとぼ歩くなど，動きも考えピアノを聴きながら動いてみましょう。

＊＊＊ 指導のポイント ＊＊＊

♪はじめは1コーラスで変えますが，慣れてきたら8小節ずつ，4小節ずつなど細かく変えてみましょう。

♪動きは，子どもたちといろいろなものを考えてみましょう。

イメージあそび
14
（4歳〜）

いろんな山で あそんでみよう

「いっぽんばし にほんばし」のあそびうたを使って，イメージあそびをしてみます。
同じ山でもいろいろな形があります。お友だちとの話し合いの中で，山のイメージが広がります。

いっぽんばし にほんばし（詞／湯浅とんぼ・曲／中川ひろたか）

いっぽん ばし　いっぽん ばし　おやまに なっちゃっ　た

【表現例】
「いっぽんばし」　「おやまになっちゃった」

あそびの進め方

1．いっぽんばしの山は，どんな形の山か，動物がいっぱいいる山や，木がいっぱいある山，雨ばっかり降っている山など，いろんな山を考えてみましょう。

2．自分が考えた山だったら，どんな風に歩くのか，どんなことが起こるのかなど，さらに考え，実際に動いてみましょう。

あそびの発展

・「いっぽんばし にほんばし」の歌は，ごほんばしまでなので，ろっぽんばしやななほんばしなども考えてみましょう。
・この歌を元にした絵本もあります。この絵本は，全部が歌でつながっているので，ミュージカルのように，その世界であそぶことができます。
　参考：『いっぽんばし にほんばし』作／中川ひろたか・絵／相野谷由起（アリス館）

3 音あそび

音の持つ速さ，強さ，大きさだけでなく，硬さ，やさしさ，なめらかさ，重さなどのニュアンスも，あそびの中で自然に感じていきましょう。

本書の楽譜には，コードネームのついているものがあります。コードについて簡単に説明します。まず，ハ長調の音階です。

この音階に，3度ずつ音を重ねてみましょう。

和音ができます。この和音ひとつひとつに，コードネームがあります。

C　Dm　Em　F　G　Am　Bdim　C

この和音を，そのときに弾きたいイメージによって，和音のまま演奏したり，のように分散して演奏したりします。

本書には，上のコードのほかに，次のコードも出てきます。

Cm　D7/F#　Fm　G7　A

音あそび **1** （1歳～）

○○ちゃん はーい

> お返事は，保育者と子どもが1対1で行うことのできる少ない活動のひとつです。
> 名前を呼ばれて，タイミングよくお返事をすることも，リズム感のひとつです。
> 子どもたちの様子を見ながら，その場に合わせて，声をたくさんかけてあげてください。

あそびの進め方

1．子どもと向かい合わせに，手の届く位置に座ります。
2．ボールを渡しながら，「○○ちゃーん」とその子どもの名前を呼びましょう。
3．呼ばれた子どもは，「はーい」と両手をあげて応え，ボールを保育者に返します。

あそびの発展

・少し慣れてきたら，手を伸ばせば触れられるくらいの位置に距離を離して，ボールをころがすこともできます。
・フープを持って鏡をのぞきこむように，顔を見合わせてお返事をすることもできます。

＊＊＊ 指導のポイント ＊＊＊

♪お返事ができたら，必ず「じょうずにできたね」など声をかけてあげましょう。声をかけるときは，「元気に手があがったね」「きれいな声だったね」など，できるだけバリエーションを豊かにしていきましょう。

♪ボールを渡すのは，「あなたを呼んでいるのよ」という気持ちを伝えるためのものです。ちょうど名前を呼び終わるときに，ボールが子どもの手に渡るようにしましょう。

音あそび 2 （1歳～）

名前をたたこう

> 絵本を見ながら，食べ物の名前を手でたたいてみます。
> ことばのリズムを手でたたくことで，自然にいろいろなリズムを体感し，大きいくだものや小さいくだものなど音の大きさや，強さ，速さなども体験してみましょう。

【用意する絵本】

『くだもの』作・絵／平山和子（福音館書店）

あそびの進め方

1. 子どもは絵本の見えるところに座ります。
2. はじめはすいかが出てきます。「すいかを食べたことある？」「どんな味がした？」「どんないろだった？」「どんな形だった？」など，いろいろな話をしてみましょう。
3. 「おててをパッ！　さん，はい」の合図で，『す・い・か』といいながら手を3つたたいてみます。
4. では，大きいすいかをたたいてみましょう。声も大きくなり，身振りも大きくなります。今度は，小さいすいかをたたいてみましょう。小さい声で，手も少しだけ動かします。身体も小さくなるかもしれませんね。
5. 同じように，いろいろなくだものを手でたたいてみましょう。

＊＊＊ 指導のポイント ＊＊＊

♪季節によって，くだものを選ぶことも大切です。
♪どんなふうに食べたか，味はどうだったかなども聞いてみることで，より身近になります。
♪くだものの形や固さもイメージし，バナナなどは，長さを感じるよう上下に手を伸ばしたり，ももはそうっとたたくなど，たたき方も変えてみましょう。

音あそび 3 (1歳〜)

じょうずにとってね

> 魔法の森では，おいしいものが空から落ちてくるそうです。おいしいものが落ちてくるタイミングをみて，手をさっと出すのは，難しいことですが，食べ物という身近な題材で，繰り返しあそべます。また，繰り返すことで，じょじょにそのタイミングもつかんでいきます。

● **保育者の準備**

合図の音

①空を見上げる　②落ちてくる　③手で取る

① 高音のトリル：目を上に向け，指で上を指し，上を意識させます。
② グリッサンド：目と指を上から下へ移動させ，おいしいものが落ちてきたことを表現します。
③ 和音：落ちてきたおいしいものを手のひらで取ったところの音です。手のひらで取れたことを表現しましょう。

上を見上げて，指さします　　　落ちてきたおいしいものをキャッチ

あそびの進め方

1. 保育者の顔の見えるところに座ります。
2. 合図の音で、上を見上げ、落ちてきたタイミングで、おいしいものを両手で取ってみます。
3. 「何が取れた？」と聴いてみましょう。
4. 合図がわかってきたら、音楽に合わせて部屋の中を歩き、途中で合図を入れてみましょう。

あそびの展開

・取れたものを食べてみたり、集めてお料理してみたりしてもイメージが広がります。中には、ポケットに入れて、持って帰る子どももいます。

＊＊＊ 指導のポイント ＊＊＊

♪はじめはイメージしにくいので、「りんごが取れたの？」「チョコレートおいしそうね」などと声をかけ、保育者の方で誘導することも必要です。わかってくると、いろいろな食べ物を教えてくれるようになります。また、今度は、「何が落ちてくると思う？」などと聞いてみてもよいでしょう。

音あそび 4 (1歳〜)

ふやしてたたこう

> 2拍分の長さをいろいろなリズムでたたきます。
> 子どもたちは，ひとつ，ふたつと増えるのが楽しいのですが，3連符は，保育者も気をつけないと難しいので，あらかじめ練習が必要です。

あたまかたひざポン （詞／不詳・曲／イギリス民謡）

（楽譜：C - G - C / C - G - C）

あ　た　ま　か　た　ひ　ざ　ポン　ひ　ざ　ポン　ひ　ざ　ポン
あ　た　ま　か　た　ひ　ざ　ポン　め　みみ　はな　くち

あそびの進め方

1. 「あたまかたひざポン」を手振りをつけて歌ってみます。
2. 「ポン」のところのリズムを変えて，手をたたきます。

【リズム】

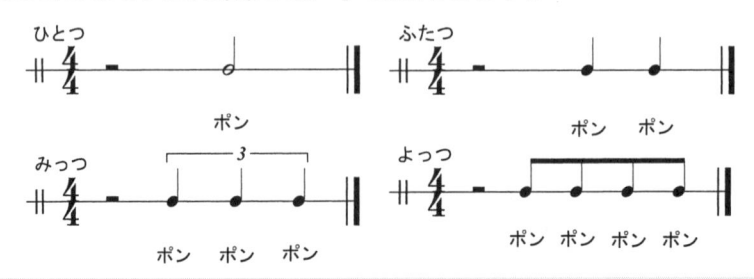

- ひとつ：（全休符＋二分音符）
- ふたつ：（休符＋四分音符二つ）ポン　ポン
- みっつ：3連符　ポン　ポン　ポン
- よっつ：八分音符四つ　ポン　ポン　ポン　ポン

*** 指導のポイント ***

♪あまり速いテンポではじめると，「よっつ」はかなり細かく手を打つので難しくなります。歌う前にテンポを決めて，そのつど速くなったり，遅くなったりしないようにしましょう。

音あそび **5** (2歳〜)

ハイ，ポーズ！

♩♩♩𝄽のリズムで，いろいろなポーズを考えていくゲームです。身体のどの部分が動くのか，また，どんなふうに動くのかを自然に知るとともに，発想力の第一歩にもなります。

あそびの進め方

1. 保育者と向かい合うように立ちます。
2. 空を飛ぶ鳥をその場から動かずに目で追うと，自然に頭が動きます。ネコを抱き上げ，やさしく撫でてあげると手首が動くでしょう。そのように，身体の関節を，何かをイメージしながら動かしてみましょう。
3. いろいろなポーズを考えてみます。
4. 保育者の「ハイ，ポーズ！」の声でポーズをします。次の声が聞こえるまでは動かないようにします。
5. だんだん慣れてきたら，保育者の声のかわりに太鼓などで（♩♩♩𝄽）のリズムをたたき，続けてポーズをしていきましょう。

＊＊＊ 指導のポイント ＊＊＊

♪頭を少し動かしただけでも，違うポーズになります。はじめは，手足を大きく動かして，別のポーズを考えようとしますが，身体の一部を少しずつ変えるようにしていくと，よりたくさんのポーズが考えられます。

音あそび 6 (2歳〜)

どうぶつのお返事

> P.69のようなひとりずつ行う「お返事」の前に，子どもたちになじみのある動物の鳴き声を使って，みんなで一緒にお返事をしてみます。
> 保育者と音の高さが合っていることも大切ですが，即興的にその動物に反応できるかも大切です。

あそびの進め方

1. 動物の鳴き声を考えてみましょう。
   イヌ：ワンワンワン　　ネコ：ニャンニャンニャン　　ブタ：ブーブーブー
   ヒツジ：メーメーメー　　ライオン：ガオガオガオ　など

2. 右の音で，鳴いてみましょう。
   いぬさん（保育者）　ワンワンワン（子どもたち）

3. いろいろな動物でお返事してみましょう。
   いぬさん　ワンワンワン　ねこさん　ニャンニャンニャン
   ぞうさん　パオパオパオ　ぶたさん　ブーブーブー

＊＊＊ 指導のポイント ＊＊＊

♪はじめは，同じ動物を2〜3回繰り返し，次に進むようにしましょう。

♪鳴き声は，そのときに子どもたちと決め，みんなが同じ鳴き方をする方がわかりやすいです。

♪鳴き声のわかりにくい動物（キリンやカンガルーなど）のときは，お返事せずに，両手で×を作るなどのバリエーションを持たせてもよいでしょう。

音あそび 7 (2歳〜)

今日は何を食べたの？

> 子どもたちのことばを，保育者が歌にのせて聴かせ，即興的に歌を作るための準備をします。
> ことばのリズムや抑揚などを使って，歌ってみましょう。
> この活動は，保育者の即興演奏のための準備でもあります。

今日は何を食べたの？

きょう は なに を たべたの （　　） を たべました

あそびの進め方

1. 朝，何を食べてきたのか考えます。
2. ひとりずつ，歌で聞いてみます。
3. 出てきた答えを，保育者が歌にのせて歌ってみます。

【例】

おにぎり　　サラダ　　サンドイッチ

4. 子どもも保育者のまねをして歌います。

＊＊＊ 指導のポイント ＊＊＊

♪だんだん子どもたちも，即興で歌えるようになります。子どもが歌ったものを，もう一度保育者が歌って聴かせ，みんなで歌を確認できるようにしましょう。

音あそび 8 （3歳〜）

名前を歌おう

> だんだん音の高さに興味を持つようになります。自分たちで，歌を作って楽しそうに歌うのも，この時期からはじまります。
> はじめは，短い名前から，だんだん，名前と名前をつなげたり，文章にしたりして歌っていきます。

【用意する絵本】

『やさい』作・絵／平山和子（福音館書店）

あそびの進め方

1. 絵本『やさい』を見ながら，やさい畑の話や，お料理の話などをします。
2. トマト（♩ ♩ ♩ ♪）のリズムを，P.61のように手でたたいてみます。
3. 次に，トマトを歌にしてみましょう。
   はじめに保育者が歌い，子どもたちもまねをして歌ってみましょう。 
   このとき，手で音の高さを表しながら歌ってみるとわかりやすいです。
4. ほかの歌も考えてみましょう。  
5. トマトとキャベツをつなげてみましょう。

あそびの発展

・やさいの名前をつなげてみるだけでなく，「トマトのサラダ」や「キャベツができました」「さつまいもが大好きです」など文章にして歌うこともできます。少しずつ長いメロディができるとよいでしょう。

音あそび 9 (3歳〜)

ピアノといっしょに お返事しましょう

> ピアノと同じ音の高さで，お返事をしてみます。
> 子どもの声の出しやすい高さからはじめていき，いろいろな音で繰り返していくと，かなり複雑な音でのお返事もできるようになります。

あそびの進め方

1. の音を使って，お返事をします。

（　）ちゃん　はーい
（保育者）　　　（子ども）

2. 高さを変えて，同じようにお返事をしてみましょう。

あそびの発展

・声が出せるようになったら，2つ以上のものを比較しながらお返事をしていきます。たとえば，

と ｛ 音の高さの違い / 音の形の違い / 音の長さの違い ｝

慣れてきたら，黒鍵の音も使うと，よいでしょう。

＊＊＊ 指導のポイント ＊＊＊

♪ピアノが弾きにくいときには，小さい鉄琴なども有効です。特に，音板をはずせるものは，使わない音ははずしておけるので便利です。

音あそび
10
（3歳〜）

あてっこあそび

> 楽器だけでなく，生活の中にあるものの音を聴くことで，音に興味を持つことができます。
> 慣れてきたら，鳴らす場所を変えて，何の音かということだけでなく，部屋のどこから聴こえてくるのか，位置もあてっこしましょう。

●保育者の準備

① 一般的な楽器だけでなく，ペットボトルや画用紙，空き缶や新聞紙，牛乳パックなど，いろいろなものを用意しておきましょう。

② テーブルの上に，ダンボールなどで目隠しを作ります。

あそびの進め方

1. テーブルの上に目隠し用のダンボールを置き，その裏で，ひとつずつ音を鳴らします。
2. 子どもはそれを聴き，何の音かを考えます。
3. 次に子どもは目をつぶり，保育者は部屋のどこかに楽器を持っていき，そこで鳴らします。
4. 子どもは，音の鳴った方向を指差します。

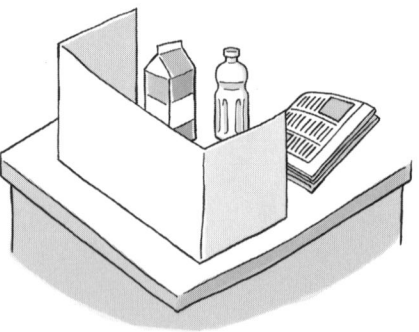

＊＊＊ 指導のポイント ＊＊＊

♪用意したもの全部を見せてから，はじめてもよいでしょう。

♪一般的な楽器も本来の演奏法でなくても構いません。楽器以外にもいろんな音を体験させましょう。特に紙のこすれる音などは，音量も小さく，集中して聴くことができます。

音あそび
11
（3歳～）

どこまで続くかな？

> トライアングルの音の響きを感じます。
> 「余韻を聴く」ことは，子どもにとっては難しいことで，集中力が必要になりますが，繰り返す中で，最後まで息をつめて聴けるようになります。

【準備する楽器】トライアングル

あそびの進め方

1. 保育者の顔の見えるところに座りましょう。
2. 目を閉じ，両手で顔を隠します。
3. トライアングルの音が聴こえたら，少しずつ手を開き，目を開けていきます。
4. トライアングルの音の響きが消えるまで，少しずつ手を広げていきましょう。

目を閉じ，両手で顔を隠す　　　音が聴こえたら，少しずつ手を開く

＊＊＊ 指導のポイント ＊＊＊

♪トライアングルを鳴らしながら，保育者も息をつめることが大切です。集中して聴いていると，トライアングルの音がなくなったときに，ホッとした笑いが出てくるでしょう。

音あそび 12 （3歳〜）

ギコギコ動く，クルクルまわる

> 身体のいろいろな部分を，思い通りに動かせるようになる時期です。
> 楽器の音を聴いて動くことで，音と動きが合っているように自分が感じることが大切です。

【準備する楽器】　ウッドブロック　　トロムメール

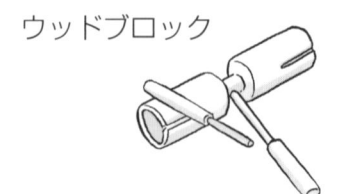

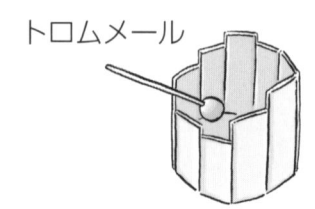

あそびの進め方

1. 保育者は座り，子どもたちは立って向かい合います。
2. ウッドブロックの高音と低音を交互にたたいて，どんな感じがするか子どもたちに聞いてみます。
3. はじめは，保育者が，「だんだん肩が動いてきたよ」「今度は手があがっていくかもしれないね」などと声かけをしながら，操り人形のように子どもたちを動かします。子どもたちは音に合わせて，両肩を動かしてみたり，両ひじを張ってみたり，両手をあげてみたりして，ギコギコという硬い動きをしてみます。
4. 次に，トロムメールの内側を，マレットをクルクル回してこすって音を出し，子どもたちに何をイメージしたか聞いてみます。
5. 「今度は，何かを混ぜているみたいだね」とか，「クルクルまわる洗濯機みたい」などと声をかけ，部屋の中をまるく走ってみます。

あそびの発展

・打楽器には，ピアノには出せないこする音や，振る音などがあります。こすって音を出すギロや，振って音を出すカシシなどもおもしろい動きができそうです。

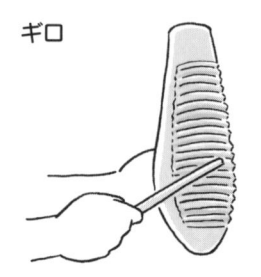

ギロ　　カシシ

音あそび **13**
（3歳〜）

アフリカの太鼓で踊ろう

自分で作った楽器を持って、演奏してみることで、気持ちも高まります。
まずはじめは、「テンポにのる」ことから楽しみましょう。
どんな曲でも構いませんが、あまり耳にしない打楽器だけの曲などは、おもしろい動きがでてきます。

●保育者の準備

① 曲のテンポを確認しておきます。
   参考：筆者の教室でよく使う打楽器のCDには、グエム（アルジェリア出身のパーカッショニスト）や、ママディケイタ（ギニア出身のジャンベ奏者）のものがあります。

② シェーカーの材料を準備します。
   材料：トイレットペーパー芯、ホッチキス、ビニールテープ、中に入れるもの（小豆、大豆、米、タピオカ、毬麩(まりふ)、とうもろこしなど）

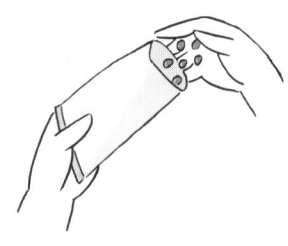

中に小豆などを入れて……
↓
口を閉じて完成

あそびの進め方

1. シェーカーを作ります。トイレットペーパー芯の片方の端を半分（横）に折り、ホッチキスで止め、さらにその上からビニールテープで止めます。

2. もう片方は、先ほどと十字（縦）になるような方向で、折りすじだけつけておきます。

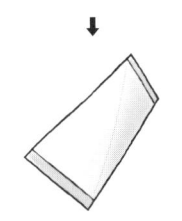

3. 開いている端から中に入れるものをひとつ選び入れてみます。

4. 口を手で押さえて振り、音を確かめてみます。

5. 中身の素材、量、組み合せなどを変え、何度か試して、自分の好きな音を見つけていきましょう。音が決まったところで、2でつけた折りすじ通りにホッチキスとビニールテープを使って止め、できあがりです。

6. 曲をかける前に、曲と同じテンポで、シェーカーを振ってみます。

7. 曲をかけて、シェーカーを振りながら、自由に動いてみましょう。

音あそび 14 （4歳～）

車に乗って おでかけしよう

> テンポが速い，遅いだけでなく，だんだん速く，だんだん遅くがじょじょにわかってくる時期です。
> 子どもたちになじみの深い車を使って，信号，踏み切り，高速道路や渋滞などを表現してみましょう。

あそびの進め方

1．タンバリンのハンドルを持って，ピアノのまわりに集合します。今日は，車で，遊園地に行くことにします。
2．クラクションが鳴るか，試してみましょう。手をグーにして，タンバリンのハンドルを ♪♩ とたたいてみます。
3．ピアノに合わせて，エンジンをかけて走り出します。
4．途中で，ピアノが止まったときには赤信号，スピードが落ちてきたら渋滞，早くなったときは高速道路など，子どもにもわかりやすい合図を組み合わせながら走ります。
5．ピアノの曲が終わったところで，遊園地に着きました。

あそびの発展

・途中，踏み切りや坂道など，子どもたちが日常目にするものを取り入れることが大切です。また，遊園地などの身近な場所だけでなく，ときには「夢の国」に行くなど，子どもたちと一緒にイメージを広げていきましょう。

＊＊＊ 指導のポイント ＊＊＊

♪ここでは，「だんだん」という感覚を知ることが大切ですが，それだけに絞ると単調な活動になりがちです。「急ブレーキ」や，「長い赤信号」「駐車場にバックして停める」などを入れ，繰り返し活動ができるような配慮も必要です。

3 音あそび

音あそび
15
（4歳〜）

飛行機に乗ろう

> 音の高い低いは、とても難しい感覚です。あそびの中で、少しずつ感覚がつかめるようにしていきましょう。
> はじめは、高い音と低い音は、5度以上離れているとわかりやすいようです。

あそびの進め方

1. ピアノの近くを飛行場に見たて、子どもたちはそれぞれ手を広げて集まります。翼に異常がないかどうか、よく確認しておきましょう。
2. しゃがんでいるところから、ピアノに合わせ身体を少しずつ伸ばしていき、走りやすい高さになったところで、部屋の中を飛行機になって飛んでいきます。
3. ピアノの音が高くなったら、身体をピンと伸ばして飛びます。ピアノの音が低くなったら、身体をかがめて飛行機は飛んでいきます。
4. さらに、ピアノが低い音に下りてきたら着陸です。床にお尻が付くくらいしゃがみます。

あそびの発展

・途中に大きな風が吹いてくるなどの合図を入れ、身体を回転させることで、活動が広がります。

＊＊＊ 指導のポイント ＊＊＊

♪音の高低は感覚としてつかみにくく、音の大きさと間違えることがあります。飛行機などの活動とは別に、階段の上から、ハンドベルを高い音から順番に置いて鳴らしてみてもよいでしょう。

音あそび **16**（4歳～）

音のかいだん

> 高さがわかってきたところで、ドレミの音を使ってみましょう。
> 音の高さの違いや高低の順番を、あそびながらおおまかにつかめると、その後の合唱や合奏をするときに役に立ちます。

あそびの進め方

1. ピアノのまわりに集まり、座ります。
2. （ド ド ドー）の音が聴こえてきたら、「ド・ド・ドー」といいながら、座ってひざをたたいてみましょう。
3. 次に、部屋の中を歩いていて、「ド」の合図が聞こえてきたら「ド・ド・ドー」といいながら、止まってひざをたたきます。
4. 違う音が聴こえてきたら、手で「×」を作って、違うことを伝えます。例えば、

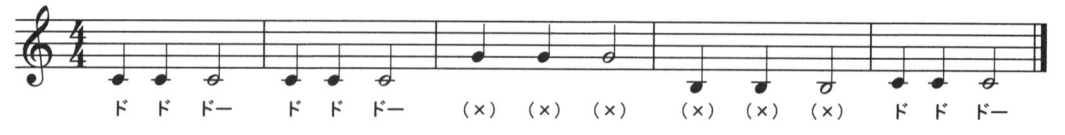

   ド ド ドー　ド ド ドー　(×)(×)(×)　(×)(×)(×)　ド ド ドー

5. 今度は、（ソ ソ ソー）の音が聴こえてきたら、「ソ・ソ・ソー」といいながら、肩をたたきます。
6. 部屋を歩きながら、合図は「ド」なのか、「ソ」なのか、それ以外なのかを考えながら表します。

「ド」　　　「ソ」

7. 「かえるの合唱」（詞／岡本敏明・曲／ドイツ民謡）を歌いながら，「ド」のところだけ，ひざをたたきましょう。

| かえるの うたが | きこえて くるよ |
| クワッ クワッ クワッ クワッ | ケケケケケケケケ | クワッ クワッ クワッ |

8. 今度は，「ド」のところはひざ，「ソ」のところは肩をたたきます。

あそびの発展

・「ド」と「ソ」以外のハンドサインを決めることもできます。
　　ド：ひざ　　　　　　　レ：おしり　　　　　　　ミ：おなか
　　ファ：手を前に（前へならえの要領）　　　　　　ソ：かた
　　ラ：みみ　　　　　　シ：あたま　　　　　　高いド：ばんざい
・「かえるの合唱」をハンドサインをしながら歌ってみましょう。

＊＊＊ 指導のポイント ＊＊＊

♪あそびの発展では，「ド」と「ソ」以外にもハンドサインを決めて歌うことを紹介しましたが，まずは，おおまかにメロディーが高く上がっていくとか，低い方に下がってきていることがつかめれば十分です。明確なハンドサインを決めずに，手のひらを上下させることで表してみても構いません。

♪はじめて新しい歌を歌うときに，保育者が手のひらを上下させながら歌ってみることも大切です。おおまかな音の高低を手の上下でつかめるようになると，歌を早く，正確に覚えられるようになります。

♪音の高さの違いがわかってくると，音程どおりに歌えない子どもでも，自分の声と，みんなの声やピアノの音が違うということに気づきます。さらに，高く違うのか，低く違うのかを少しずつ感じていき，だんだん声の調節が上手になります。

音あそび **17** （5歳〜）

スパゲッティを ゆでよう

> 硬いから，やわらかいに少しずつ変化していくスパゲッティを表現してみます。緊張している状態から力を抜いていくのは，身体の使い方も難しいのですが，繰り返し体験する中で，上手になっていくことでしょう。ゆでたキャベツや，溶けていくろうそくなどでも同じような体験ができます。
> 表現に役割分担などを加えられるのも，この時期ならではです。

あそびの準備

1. 2人組になって座ります。
2. 片方の子どもは，とっても硬い石に変身します。もうひとりの子どもは，本当に硬い石なのか，いろいろ触って確かめてみます。
3. 今度は，ゼリーに変身してみましょう。ゼリーになった子どもの腕を持ってブラブラと振ってみたり，身体を揺すってみたりして，やわらかいゼリーかどうか確かめます。
4. 両方できたら，役割を交替します。
5. 相手を替えて，何度か同じことをしてみます。

あそびの進め方

1. 子どもたちを，鍋チームとスパゲッティチームの2つに分けます。
2. まず，鍋チームは，輪になって手をつなぎます。
3. 保育者が，鍋の中に水を入れ，火をつけます。
4. 鍋の中では，グラグラとお湯が沸いてきました。鍋チームは手をつないだまま座り，このままグラグラとお湯を沸かし続けます。
5. スパゲッティチームは，ピンとしたスパゲッティになり，お湯が沸いたところで「いち，にの，さーん」で鍋チームの手をふまないように鍋の中に入ります。
6. お湯の中で自由に泳いでいると，だんだん身体がやわらかくなってきました。少しずつ力を抜き，グニャグニャになったら，保育者にお湯から出してもらい，お湯を切っておきます。鍋チームは，鍋のお湯を捨ててもらい，フライパンに変身します。

スパゲッティチーム

鍋チーム

7. ゆでられたスパゲッティは，手をつないで長くなり，フライパンの中でいためてもらいます。だんだんおいしい具とからまっておいしいナポリタンができあがります。
8. 最後にケチャップで混ぜてもらいできあがりです。
9. 鍋チームは，お皿に変身。その上に，おいしいナポリタンが盛り付けられます。
10. 役割を交替してみましょう。

＊＊＊ 指導のポイント ＊＊＊

♪この活動をする前に，ゆでられる前の硬いスパゲッティと，ゆであがったやわらかいスパゲッティを，実際に見ておくことが大切です。

♪少しずつ力を抜いていくことを表現する前に，硬い石とやわらかいゼリーを体験することで，一番硬いところから，一番やわらかいところまでの表現の範囲を知ることになります。

♪また，硬い，やわらかいを繰り返す中から，関節をやわらかくすることで，力が抜けることがわかってきて，上手に身体をコントロールすることができるようになります。

♪すべての活動を1回でするのではなく，何回かに分けて行ったり，時期をあけたりして，少しずつ子どもたちとアイディアを出しながら作っていきましょう。

音あそび **18** （5歳〜）

2拍にいれよう

> 合奏や合唱で音楽の流れを止めずに演奏するには，身体の中に自然にその曲のテンポが刻まれていることが大切です。
> 途中で間違えても，途切らせずにつなげていくことで，その曲にうまくのっていく体験ができます。
> さらに，時間の経過なども，自然に体感できるでしょう。

あそびの進め方

1. 輪になります。
2. 好きな乗り物をひとりずつ聞きます。その乗り物を，ふたつ手をたたきながら，いってみましょう。
3. ひと通り全員がいい終わったところで，リズムをつなげていきます。「全員でリズムをたたく」と「ひとりで乗り物をいう」を交互にしていきます。

【リズムのつなげ方】

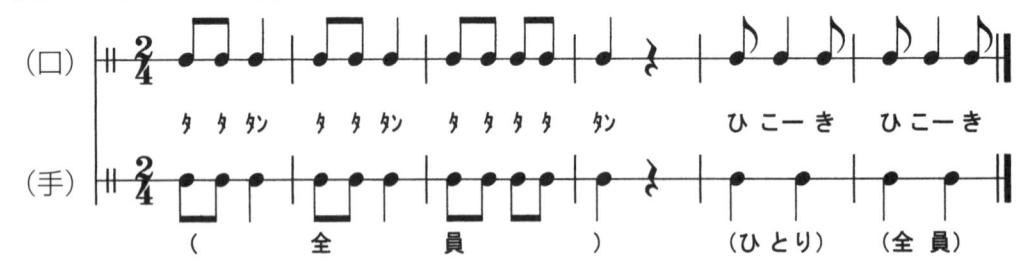

（口） タ タ タン　タ タ タン　タ タ タ タ タン　　ひこーき　ひこーき
（手） （　　　全　　員　　　）　（ひとり）（全員）

＊＊＊ 指導のポイント ＊＊＊

♪乗り物をいうときの手のリズムは，「音楽の拍」です。拍の中で自然にリズムをいえるようになることは，自然に音楽にのっているということです。

♪できるだけ途切れないように，あらかじめ，自分のいうことを考える時間を作りましょう。また，途中で詰まったときにも，そのまま拍だけは続けてたたいていましょう。

♪このようなリズムあそびは，途中からテンポが速くなりがちです。できるだけテンポが狂わないよう，保育者の声かけが大切です。

音あそび 19 （5歳〜）

音を合わせよう

> ド・レ・ミ・#ファ・#ソ・#ラの音を選ぶと，ちょっと不思議な音が広がります。どの音を組み合わせても，耳障りな音にならないので，事前に鳴らすところを決めなくても，自信を持って，音を鳴らせるようになります。

●保育者の準備

ハンドベルの中から，ド・レ・ミ・#ファ・#ソ・#ラの6つの音を選んでおきます。

あそびの進め方

1. 6人の子どもが，ハンドベルをそれぞれひとつずつ持ちます。
2. 6人ができるだけ離れて，部屋の隅に立ち，そのほかの子どもたちは中に座ります。
3. はじめに保育者が中央に立ち，6人に向かって合図を出し，ひとりずつ順番にハンドベルを鳴らしてみたり，一緒に鳴らしてみたりします。
4. 中にいる子どもたちは，その音を聴きます。

あそびの発展

・#ド・#レ・ファ・ソ・ラ・シも同じように鳴らすことができます。慣れてきたら，二組の音のイメージの違いなども感じられるとよいですね。

＊＊＊ 指導のポイント ＊＊＊

♪この活動では，どの音が重っても耳障りな音にならないことに気づくことと，聴く側も集中して聴く意識をもつことが大切です。

♪保育者自身もピアノでこの音を組み合わせて弾くと，イメージあそびの伴奏などにも便利です。

音あそび 20 (5歳〜)

なべなべそこぬけゲーム

いつもあそんでいるわらべうた「なべなべそこぬけ」も輪になって相手が替わっていくと別の楽しさが出てきます。
さらに，バックにリラクゼーション音楽などをかけてみると，不思議な世界が広がります。

【使用する曲】
鈴木キヨシ「ナチュラルタブ＃1」

あそびの進め方

1．2人組になって，「なべなべそこぬけ」をやってみます。ここでは，みんなが同じタイミングで，返れるようになることが大切です。
2．ひとつの輪に並び，隣の人と2人組になって手をつなぎます。最初に「なべなべそこぬけ」をするのは，この相手になります。
3．1回目に返り，背中合わせになります。
4．背中合わせになったまま，もう一度「なべなべそこぬけ」をします。腕を振り，「返りましょう」では，時計まわりに半周歩いてまわって位置を交換します。
5．このときに，目の前に来た人が次の相手になります。何度か3〜4を繰り返し，次々に相手が替わっていくことを確認します。
6．リラクゼーション音楽をかけて，全員のテンポをそろえます。
7．リラクゼーション音楽にのって，みんなで，相手を替えながら，「なべなべそこぬけ」をします。

1回目
「なべなべそこぬけ そこがぬけたら」　「かえりましょう」

2回目
「なべなべそこぬけ そこがぬけたら」　「かえりましょう」

目の前に来た人と2人組になります

4 創作あそび

いろいろな音やリズムが身体の中にたくさんたまってきたら，それらを組み合わせて自分の表現を考えていきます。

創作あそびをするとき，保育者自身が，たくさんのアイディアをもって子どもたちと向かい合うことが大切になります。ところが，いざ，リズムや歌，動きを考えようとすると，苦痛になることもあります。
そんなとき，たとえば，音符のカードを袋の中に入れて，無作為にいくつかとってつなげてみるなどあそびの力を借りたり，絵本の世界で現実にはないことを考えてみたり，自分にはできない動きをおもちゃにさせてみたりすることがヒントになります。

創作あそび 1 （1歳〜）

あかちゃんを起こしてあげよう

> 絵本を見ながら，絵本の世界の中で，音楽あそびをしてみます。ことばと一緒にリズムを打つので，小さい子どもでも比較的難しくなくできます。ママの口ぐせや，朝の様子などが少しずつ見えてきます。

【用意する絵本】

『たまごのあかちゃん』作／神沢利子・絵／柳生弦一郎（福音館書店）

あそびの進め方

1. 保育者の顔の見えるところに座ります。
2. 絵本の中のたまごをみて，だれのたまごか考えてみます。
3. 「ねんねしているあかちゃんを起こしてあげよう」などといいながら，「お・き・て」のリズムで，起こしてみましょう。手をグーにして，トントントンと絵本をたたいてみたり，床をたたいてみたりしてみましょう。
4. 「お・き・て」だけでなく，ほかの起こし方も考えてみましょう。「お・き・な・さ・い」「は・や・く」など，おうちでの様子が少し見えてきます。
5. 今度は，ひよこさんになって，「ピピピピ」と鳴いてみましょう。「ピピピピピー」「ピーピーピピピー」など，いろいろな鳴き方ができます。
6. 絵本の順を追って，大きさや強さ，速さなどを変えながら，いろいろなリズムで起こしてあげたり，ヨチヨチ歩いたり，ニョロニョロ歩いたりしてみましょう。

あそびの発展

- いろいろなリズムが出てきたところで，たまごの形のマラカスでリズムを振ってみてもよいでしょう。
- 「たまごたまご」や「ころころたまご」など，たまごがテーマの手あそびうたは，いくつもあるので，この活動から手あそびうたにつなげてみてもよいでしょう。

＊＊＊ 指導のポイント ＊＊＊

♪誰かが考えたリズムをみんなでたたいてみるということは，小さい子どもにとっては新鮮なことのようです。子どもが考えたリズムを否定することなく，子ども自身で考えることが楽しくなるような雰囲気を作ることが大切です。

♪マラカスは，中の玉を動かして音を出すので，比較的打点が決めにくく，リズム打ちには，どちらかというと不向きです。しかし，たまごの形のマラカスは，小さい子どもでも，手の中でしっかり持て，音も出しやすく，たまごという親しみのある形のため，楽器のはじめとしてよく使います。本物のたまごは，上手に持たないと割れてしまうことを伝え，たまごの形のマラカスも同様にやさしく持つようにします。楽器を大切に使う第一歩にもしましょう。

創作あそび **2** （2歳〜）

新聞紙で リズムあそび

小さな子どもでも比較的音の出しやすい身近なものでリズムあそびをしてみます。新聞紙1枚で，短い音も長い音も出せること，大きい音や小さい音を出せることなどを経験し，その後の創作活動につなげてみましょう。

あそびの進め方

1．ひとり1枚ずつ新聞紙を持ちます。
2．広げたまま飛ばしてみたり，振ってみたり，折ってみたり，丸めてみたりして，その音を聴いてみます。
3．さらに，折ったまま床に落としてみたり，破いてみたりもしましょう。
4．次に，子どもが扱いやすい4分の1の大きさにした新聞紙をもう1枚渡します。保育者の鳴らすギロの短い音が聴こえてきたら，少しだけ端を手で破いてみます。
5．ギロの音が長く続いていたら，細長く破いてみましょう。
6．ギロの音をよく聴き，短い音のときは短く，長い音のときは長く破いていきます。

あそびの発展

・何人かで，1枚の新聞紙を丸めたり，ユラユラ揺らしてみたりして音を出すこともできます。
・何度か時期をあけてこの活動を繰り返す中で，ギロなどの楽器を使わず，紙を破って音を出すグループ，紙を丸めて音を出すグループ，紙をこすって音を出すグループなどに分けて，音を合わせることもできるようになります。
・「波」や「せせらぎ」「森」「虫の声」などさまざまなCDがあります。そのCD

に合わせて、自由に新聞紙で演奏してみてもよいでしょう。自然の音の中で、リズムを見つけていく活動は、ときにはおもしろい発想を引き出してくれます。

＊＊＊ 指導のポイント ＊＊＊

♪新聞紙を細長く破るときには、細長く切れる方向に切らせることが大切です。新聞紙を事前に切ってみて、その方向を確認しておきましょう。

♪保育者自身も、新聞紙でいろいろな音が出せることを体験しておきましょう。丸める、破る、こする、落とす、ひっぱる、ひっぱっておいてたたくなど、さまざまな音の出し方があります。また、子どもたちといろいろ考えてみてもよいですね。

♪小さい子どもに繊細な活動をさせるときには、その前に充分大きな活動をしておくことが大切です。ここでは、「少しだけ切る」という繊細な活動の前に、思いっきり新聞紙で遊びました。

創作あそび 3 (3歳～)

サンタさんの おしごと

絵本の中のサンタやトナカイになって,あそんでみましょう。
はじめは,絵本を見ながら,1月から12月まで,ひと月ずつどうするか考えていきます。
ひとつひとつのことは,絵本からのヒントですが,どう動くか,子ども同士での話し合いもはじまります。

【用意する絵本】

『あのね,サンタの国ではね…』作／嘉納純子・絵／黒井健（偕成社）

あそびの進め方

1. 絵本の見えるところに座ります。
2. サンタの国のお話を見ながら,サンタはどんなふうに生活しているのか考えてみます。

　1月：サンタの新年会に出席して,♩♩のリズムで乾杯してみましょう。

　2月：お手紙を読みながら「わっはっは」と一緒に笑ってみましょう。繰り返していくと,♩♩♩｜♩♩♩‖のリズムになります。

　3月：「いちに,いちに」とタネをまいてみたり,おもちゃ工場のにぎやかな音も練習してみましょう。
　　　トカトン　トカトン　トカトントン
　　　どんなふうにたたくか,かなづちをもって,いろんなところをたたいてみましょう。

　4月：トナカイの飛行訓練です。トナカイになって,部屋の中を走ってみましょう。

　5月：体重計の針になっていろんなところを「いちにのピッ！」で指してみましょう。

　6月：雨の日は,上を見て,雨漏りしてきたところに手を差し出します。

7月：望遠鏡を持って，いろんなところを見てみましょう。

8月：海でサンタと一緒にイルカになって，「いち，にの，さーん」で跳んでみます。

9月：「そうっと入れて，そうっとはこぶ（♩ ♩）」みんなで繰り返してみましょう。

10月：収穫した「ぬいぐるみ」「おもちゃのじどうしゃ」などのリズムを手で打ってみたり，歌ってみたりしてみましょう。

11月：「シューシュー，シュッシュッシュー」などのリズムで，サンタの服や長靴の手入れをしていきます。

12月：「5・4・3・2・1」で出発します。みんなが一緒に出られないときはやり直し。その後は，それぞれのところにプレゼントを届けに行きましょう。

最後に，「メリークリスマス（♪ ♩. ♫♫ ♩）」をみんなで一緒にいってみたり，たたいてみたりしてみましょう。

あそびの発展

・ここに載せたのは一例です。子どもたちと一緒に，サンタがどんなことをして一年を過ごしているのか，絵本に書かれていないことも含めて考えてみましょう。

・大きなサンタさんだったら，小さいサンタさんだったらと考えてもおもしろいですね。

＊＊＊ 指導のポイント ＊＊＊

♪飛行訓練のときはストップすると落ちてしまうので，ストップの合図は使いません。

♪ここにどんな音をつけてみるかは保育者のイメージ次第です。ピアノだけでなく，いろいろな楽器や道具を使って，子どもたちと一緒に考えながらつけていくと，ミュージカルのようにもなります。

創作あそび 4 (4歳〜)

みんなでポーズをつくろう

> 絵本やおもちゃの力を借りて，さまざまな動きを考えていきます。
> ひとりではなく，数人で協力して作っていくので，自分ひとりの発想から，さらに広げていくことができるでしょう。
> また，できたポーズを見合うことも大切なことです。

【用意する絵本】
『かおかおどんなかお』作／柳原良平（こぐま社）

【準備するおもちゃ】
「こまむどーる」（おもちゃのこまーむ，日本）

あそびの進め方

1. 絵本『かおかおどんなかお』を見ながら，目や口を意識し，いろいろな表情をまねしてみます。

2. 「わらったかお」「ないたかお」などわかりやすいところからはじまり，「からいかお」や「いいかお」など，難しい表現もあります。それぞれの気持ちも合わせて，ほかにはどんな顔があるかも考えてみましょう。

3. わらべうた「だるまさん」を歌いながら，子ども同士で，いろんな表情を見合ってみます。1対1でやってみたり，1対みんななどもやってみましょう。

4. 顔と顔をくっつけてみたり，お友だちの顔を手でやさしく触ってみたりしましょう。

5. 次に，おもちゃの人形を使って，いろいろなポーズを考えてみます。はじめは，保育者が人形を動かし，子どもは人形と同じポーズをしてみましょう。

6. 慣れてきたら，代表の子どもが動かし，そのポーズをしてみます。

7. 今度は，2人組になって，片方の子どもが人形になります。もう片方の子どもが，その人形を動かします。役割交替もしてみましょう。

8. さらに，4人組になり，2人が，別の2人のポーズを作っていきます。この2つの人形は，どこかがくっついているようにしましょう。

9. できあがったポーズをみんなで見合い，役割交替をしていきましょう。
10. だんだん人数を増やして，ポーズを作っていきます。

＊＊＊ 指導のポイント ＊＊＊

♪いろいろな表情を作ることで，顔の筋肉も柔らかくなってきます。顔の筋肉が柔らかくなると，身体も心も柔らかくなり，さらにいろいろな発想が生まれ，活動を発展させていくことができるでしょう。

♪「こまむどーる」は木のおもちゃで，手足を動かすことができる人形です。人形のポーズをまねるときには，かなり細かく見ていく必要があり，観察力などもついていくでしょう。

♪P.65「ハイ，ポーズ」では，その瞬間のポーズを自分だけで考えましたが，お友だちの身体を動かすことで，動いていく過程も意識できるようになります。たとえば，手をまっすぐ前に伸ばした状態から後ろにまわすには，少しずつ後ろにまわしていくときの距離（長さ）に気づくでしょう。また手だけではなく腰や背中も一緒に動くことも理解できるようになります。

♪お友だちと身体をくっつけることで，他人の体温，身体の大きさや重さ，触れたときの硬さの違いなどにも気づくでしょう。そんなことから，お互いに理解し合うことも学んでいきます。

創作あそび **5**（5歳〜）

おいしいもの アンサンブル

> 音符に表すと難しいリズムでも，普段自然に言葉としてつかっていることはよくあることです。
> 言葉あそびの延長で，食べ物の名前を選んで，アンサンブルしてみましょう。

あそびの進め方

1. それぞれが大好きな食べ物を考えます。
2. 「さん，はい」で，一斉にその食べ物をいってみましょう。
3. もう一度，一斉に食べ物をいいますが，今度は，自分と同じ食べ物の人がいるかどうかよく聴きながらいってみます。何度か繰り返し，同じ食べ物の人を探しましょう。
4. ひと通り探し終わったら，本当に同じだったか，本当にひとりだったのか，一組ずつ確認してみます。
5. みんなの好きな食べ物を，保育者がホワイトボードなどに書き，その中からみんなで4つ程度選びます。
6. 選んだ食べ物をいってみましょう。ひとつのものでもいくつかのリズムが出てきたら，今日のリズムを決めて，みんなが同じリズムになるようにしましょう。たとえば……

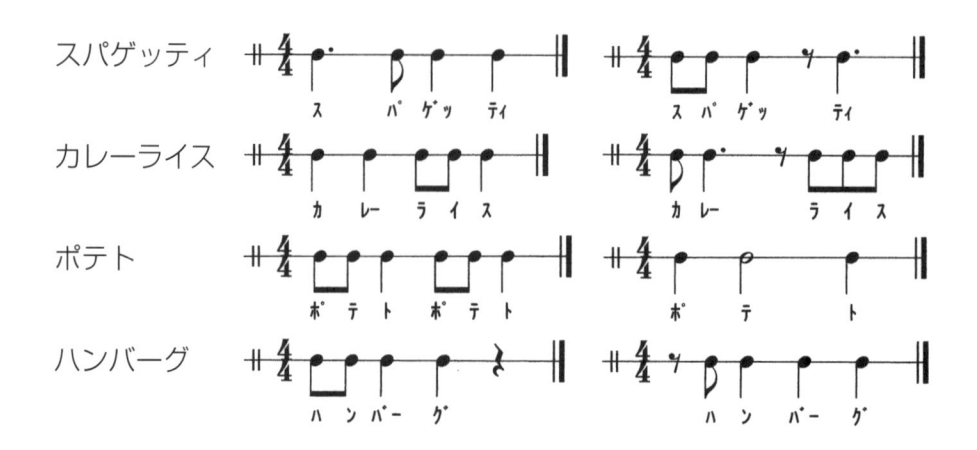

スパゲッティ／カレーライス／ポテト／ハンバーグ

7. 4つのグループに分かれ，それぞれのグループの役割（食べ物）を決め，保育者を真ん中にしてグループごとに座ります。
8. 保育者が指揮者になり，グループごとに，そろって食べ物をいってみましょう。
9. 次に，2つの食べ物を合わせてみたり，3つの食べ物を合わせてみたりします。お休みのグループは，歌っているグループの声をよく聴いてみましょう。
10. いよいよ，全部のグループを合わせてみます。指揮者は，ひとつのグループの声を大きくしてみたり，どこかのグループをお休みにしてみたりして，アレンジしてみましょう。
11. 慣れてきたら，指揮者も子どもがやってみます。

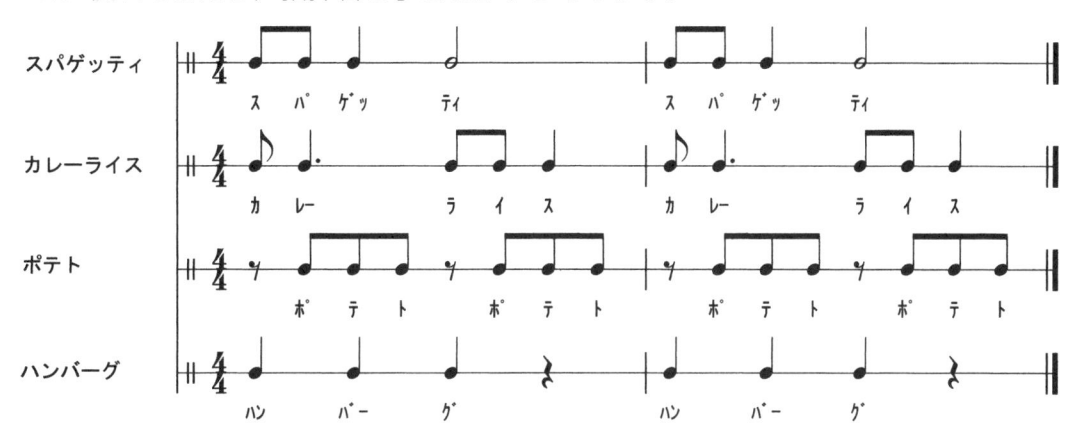

スパゲッティ　ス　パ　ゲッ　ティ　　ス　パ　ゲッ　ティ
カレーライス　カ　レー　ラ　イ　ス　　カ　レー　ラ　イ　ス
ポテト　ポ　テ　ト　ポ　テ　ト　　ポ　テ　ト　ポ　テ　ト
ハンバーグ　ハン　バー　グ　　ハン　バー　グ

12. また，グループの担当する食べ物を交替し，4つのリズムをみんなが理解できるようにしていきましょう。

あそびの発展1

1．同じリズムを，手や足を使って表現し，合わせてみます。
　　　スパゲッティ：手でひざをたたく。
　　　カレーライス：カレーは手でおなかをたたき，ライスは足ぶみする。
　　　ポテト　　　：身体をかがめて歩く。
　　　ハンバーグ　：元気に歩く。
2．さらに，動きを広げていきましょう。部屋の中を動きながら，リズムを表現していきます。だんだん動きもひとりだけではなく，お友だちと手を合わせてみたり，身体をくっつけて歩いてみたり，グループみんなで一緒に作っていきましょう。
3．4つの動きを合わせていきます。指揮者も，動きながら，それぞれのグループに指示を出していきます。
4．グループの担当する食べ物を交替し，別の動きも考えてみましょう。

あそびの発展2

1. たくさん動いたところで，音を考えてみます。楽器の中から，どんな楽器を使うのか，グループで考えてみましょう。
   - まずは，大きい音にしたいのか，小さい音にしたいのかを考えます。
   - 大きい音だったら，どんな楽器がふさわしいか，小さい音はどの楽器がよいかを考えます。
   - また，リズムを表現しやすいかどうかもひとつの目安です。
   - ひとりだけが楽器を演奏しみんなは動くのか，全員が楽器を持つのかも考えてみましょう。
2. 楽器が決まったところで，4つのグループで合わせてみます。

指導のポイント

♪はじめから4グループに分けず，2グループ，3グループからはじめてもよいでしょう。まず音を重ねるということを意識させていきましょう。

♪音を重ねてアンサンブルにしていくには，自分の音をきちんと出すことだけでなく，まわりの音をきちんと聴いていることが大切です。ただ単に，言葉を大きな声でいうだけになるのではなく，まわりとのバランスも心がけられるように，保育者が適切な言葉かけをしていきましょう。

♪あそびの発展2まで進めるには，かなり時間をかけて繰り返すことと，保育者の適切なアドバイスが必要になります。楽器演奏まで進めることが目的ではなく，子どもたちが自分たちで創り上げていくその過程を大切にしましょう。

♪グループで創り上げることで，子どもたち同士の得意や不得意の発見や，信頼関係，尊敬やあこがれなどの気持ちの芽生え，助け合うことの経験も自然にできるでしょう。

監　修　芸術教育研究所

　　芸術教育を通して子どもたちの全面発達を育むための研究機関として，1953年に設立。美術，音楽，演劇，文学，工芸などさまざまな芸術教育の研究及び実践を進めている。1975年に教師や保育者等とともに芸術活動の研究・実践をサポートする組織「芸術教育の会」を発足。また，1984年より，おもちゃ美術館を開設（2008年東京・新宿四谷に移転）し，世界のおもちゃの展示及び手作りおもちゃ，おもちゃライブラリーなどの活動も展開。

　　長年主催している「夏の芸術教育学校」は，音楽・絵画をはじめとした100を超える講座が並び，毎年5000人近い受講生が学んでいる。また，2008年にオープンしたアート＆遊びのラボラトリー「あーと・らぼ」には，「子育て孫育て育児スクール」や「まちなか子育てサロン」のほか，幼児から小学生を対象にした「子どもアートスクール」があり，親子リトミック教室をはじめ4つの教室を展開している。

著　者　津村一美（芸術教育研究所研究員・親子リトミック教室講師）

　　東京都出身。1982年植草幼児教育専門学校卒。1989年より，就園前の親子を対象にした，リトミック教室の指導をはじめ，大手カルチャーセンターや，公共施設での講座講師を経て，2000年に「親子サークル"はじめのいっぽ"」を主宰。

　　2003年芸術教育研究所に入所。夏の芸術教育学校をはじめ，幼稚園教諭・保育者に向けたリトミックあそびの講座を担当。また，子どもアートスクール「親子リトミック教室」の専任講師として，乳幼児のリトミックあそび，音楽あそびを研究・指導中。

企　画　多田千尋（芸術教育研究所所長）

この本の協力者

　　肱黒美代子：リトミック教室〈ぴあのとあそぼう〉（東京都江戸川区）主宰
　　平沢智香子：親子サークル"はじめのいっぽ"豊洲教室（東京都江東区）主宰

イラスト　武田亜樹

お問合せ先は…
認定NPO法人芸術と遊び創造協会（旧・芸術教育研究所）
〒165-0026　東京都中野区新井2-12-10
☎ 03(3387)5461　FAX 03(3228)0699
URL　http://www.toy-art.co.jp

乳幼児のリトミックあそび　はじめの一歩

2010年8月10日　初版発行		監修者	芸術教育研究所
2017年7月15日　5刷発行		著　者	津村一美
		発行者	武馬久仁裕
		印　刷	株式会社 太洋社
		製　本	株式会社 太洋社

発　行　所　　　　　　　　　株式会社 黎明書房

〒460-0002　名古屋市中区丸の内3-6-27　EBSビル　☎ 052-962-3045
　　　　　　　　　　　　　　　FAX 052-951-9065　振替・00880-1-59001
〒101-0047　東京連絡所・千代田区内神田1-4-9　松苗ビル4階
　　　　　　　　　　　　　　　☎ 03-3268-3470

落丁本・乱丁本はお取替えします　　　　　　　ISBN978-4-654-00235-1
Ⓒ ART EDUCATION INSTITUTE 2010, Printed in Japan
日本音楽著作権協会(出)許諾第1009282-705号